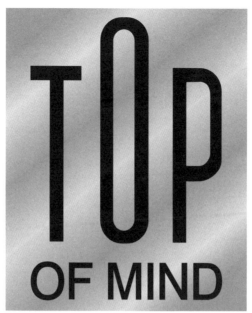

TOP OF MIND
O Desafio de ser Lembrado e Reconhecido

Enio Carvalho

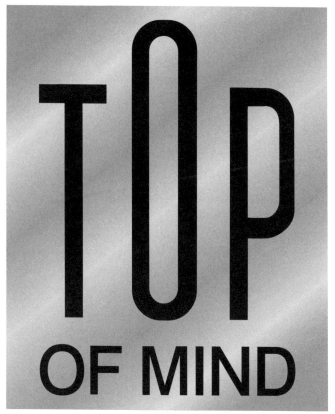

O Desafio de ser Lembrado e Reconhecido

*m.*Books

M.Books do Brasil Editora Ltda.

Rua Jorge Americano, 61 - Alto da Lapa
05083-130 - São Paulo - SP - Telefones: (11) 3645-0409/(11) 3645-0410
Fax: (11) 3832-0335 - e-mail: vendas@mbooks.com.br
www.mbooks.com.br

© 2010 M.Books do Brasil Editora Ltda. Todos os direitos reservados. Proibida a reprodução total ou parcial. Os infratores serão punidos na forma da lei.

Dados de Catalogação na Publicação

Enio Carvalho

Top of Mind – Desafio de ser lembrado e reconhecido
2010 – São Paulo – M.Books do Brasil Editora Ltda.
1. Marketing   2. Administração   3. Negócios

ISBN: 978-85-7680-078-1

EDITOR: MILTON MIRA DE ASSUMPÇÃO FILHO

Ilustrações: Dorinho
Produção Editorial: Beatriz Simões Araújo
Coordenação Gráfica: Silas Camargo
Editoração e Capa: Crontec

Dedicatória

À eterna professora da minha vida, minha mãe, por tudo que fez por mim.

A todos que, de alguma forma, me ajudaram a ser hoje o que sou, minha eterna gratidão pela paciência, ensinamentos, orientações e amor.

À minha mulher Tencinha, companheira, cúmplice e mulher de todas as horas que acompanha com muito carinho todos os passos da minha vida.

Ao meu Deus, meu tudo, razão de ser da minha vida.

Agradecimentos

Agradeço o incentivo e apoio das seguintes empresas para a edição deste livro:

Brasilgás Bahiana Distribuidora de Gás;

Chroma Empreendimentos e Participações Ltda;

Construtora Andrade Mendonça;

Gráfica Santa Marta;

Lojas Insinuante;

OAS Empreendimentos Ltda;

Odebrecht Realizações Imobiliárias;

Osvaldo Neri Representações;

Propeg Soluções Criativas;

Revendedores Schincariol;

Shopping Barra;

Shopping Center Iguatemi Bahia;

Transrel Transportes e Representações Ltda.

Prefácio

Há 11 anos, na *Apresentação* do primeiro livro de ENIO CARVALHO, *Marketing – Aprendendo com os Erros e Acertos*, São Paulo, Makron Books, 1998, uma coletânea ágil e bem-humorada de 31 artigos sobre questões pragmáticas de consultoria mercadológica para pequenas, médias e grandes empresas, meu amigo Roberto de Paula Nunes de Campos, um triunfante executivo empresarial do Grupo ODEBRECHT e eficaz professor de Administração, anunciou, com expressiva e contundente propriedade, a seguinte apreciação: "Enio Carvalho é um lutador. Embora campeão, não aprendeu a 'morder' o concorrente e muito menos os seus clientes. Ao contrário, dedica sua vida a eles".

Hoje, em meados de 2009, confirma-se esse diagnóstico-prognóstico, acrescido, porém, de outra afirmação definidora de Enio, estimulada por seu admirável sucesso nas 14 realizações anuais, em diferentes capitais municipais baianas, do evento mercadológico *Tof of Mind*, afora o recente *Top of Heart*, que começou faz dois anos, sobre *fidelização*; e nas sete edições, também anuais, de alta qualidade, do chamado *Anuário de Arquitetura e Decoração*, além de uma edição de 2008, já anunciada para junho de 2009 uma segunda, do *Anuário de Saúde*; e pelo 30º aniversário da menina dos olhos de Enio Carvalho, seu empreendimento como administrador, professor, palestrante e consultor de Administração, a *Marketing Consultoria*, com a qual ele criou e efetivou, na década dos 1980, o *prêmio Recall de Marcas* e o *Painel dos Consumidores*, e promoveu, na década dos 1990, numerosos congressos, seminários e *workshops*, bem como as primeiras pesquisas mercadológicas para a série de eventos *Top of Mind*, mais adiante oferecendo ao mercado os projetos *The Best* e o já mencionado *Top of Heart*.

Por esses 30 anos de façanhas na sua especialidade de consultor de marketing, a afirmação que deve acrescer-se àquela do Professor Nunes de Campos é que, *data venia* para a surrada palavra "winner",

Enio Carvalho é, também, um vencedor contumaz e pertinaz no exercício de sua profissão. A contumácia e a pertinácia vêm desde o *momentum* em que o jovem "teenager" cronista esportivo, nos anos 1965 a 1970, deixou essa etapa para ser estudante e bacharelando de Administração de Empresas na Escola de Administração da UFBA (criada em setembro de 1959, em um passe de mágica, pelo magnífico reitor Edgard Santos e que, portanto, completa cinqüentenário em 2009) se deixou fascinar pelo que se chamava, nos anos 1960, de "marketing orientation", entre outras tantas conceituações, do tipo *composto mercadológico*, que escutava nas aulas de seus professores, como o saudoso João Vargas Leal (que foi meu aluno de língua e literatura no Colégio da Bahia, meu examinando no vestibular de Administração e meu aluno, na Universidade de Sociologia das Organizações e Processo Decisório). Lembro, com esta homenagem, que acompanhei Enio como aluno aplicado, persistentemente bem-humorado e confiante em seu futuro, mas também como diretor da escola, que fui naquele ano de sua formatura em 1973.

Seu livro de agora, em 2009, é uma coletânea de 38 artigos, de estilo igualmente ágil, leve, jornalisticamente pragmático, com a temática do título *Top of Mind – Desafio de ser lembrado e reconhecido*. Corrobora-se o talento do comunicador, palestrante, administrador e consultor há décadas vocacionado para o planejamento estratégico e operacional de *marketing*, e para o magistério da mercadologia, ainda que não se goste desta palavra. É como mestre e praticante que o próprio Enio diz, *in fine* em sua crônica 31 (*Cadê o biscoito que estava aqui?*) – e em alegre diapasão de "magister dixit": "... Mais uma vez, observa-se quanto é necessário e importante ter em mãos números de pesquisas. E deixa o aviso: *'sem vendas, as empresas não vivem, e sem marketing, não sobrevivem'*".

Gosto de todas as 38 crônicas, ou seções, ou capítulos relacionados no *Sumário*, naturalmente mais de alguns do que de outros, a exemplo do 19 (*Marcas para durar? Nem a pau Juvenal!*), com suas preocupações suavemente filosóficas com a *"endurance"* ou *duração* dos fatos e das coisas, ao modo costumeiro do saudoso educador inglês, estabelecido nos EUA (onde morreu), Alfred North Whitehead, e do saudoso educador brasileiro, baiano, *santamarense*, estabelecido nos EUA (onde morreu), Alberto Guerreiro Ramos. E também *gosto mais* de outros textos, assinalados por fortes preocupações com a

PREFÁCIO

maestria nas artes do marketing externo e interno, com o intercurso *mercadologia & talentos humanos*, ou com temas que *esquentam*, como o 27 (*Preço não é tudo. Conquiste a lealdade*), o 28 (*Não temos ícones na moda feminina*), o 29 (*Da barriga para a cabeça, o Top tomou Doril*), o 30 (*Auscultando nossos hospitais*), e lembro aqui que o Hospital Santa Izabel, da Santa Casa de Misericórdia, já teve seus dias de Top, o 32 (*Precisamos construir ainda uma marca forte na construção*), o 33 (*Conheça o método do Top*), o 34 (*Aprendendo com o Top. Lições inesquecíveis*), ou o 36 (*Ser Top é estar de olho no olho dos clientes*). Boas-vindas e parabéns, portanto, ao novo livro do mercadólogo educador Enio Carvalho (de Araújo)!

Salvador, 21 de maio de 2009.

Adm. João Eurico Matta, Professor Emérito da UFBA

Sumário

Dedicatória		7
Agradecimentos		9
Prefácio		11
Apresentação		19
Introdução		21
1	Muitas marcas na mente. Alguma Top?	23
2	Dança das marcas	27
3	O Top of Mind como farol	29
4	A caminhada do Top of Mind	31
5	O reposicionamento na hora certa	33
6	Marcas foram feitas para ser administradas	35
7	Quanto vale uma marca? E ser lembrado?	37
8	Por que umas marcas caem enquanto outras sobem?	39

9	O que significa ser líder no Top?	41
10	Na liderança do Top, só os melhores	43
11	A pirataria desejando confundir	45
12	Acarajé. O Top nas barrigas e nas mentes	47
13	Bahia e Vitória. Marcas poderosas jogadas pela janela	49
14	Por que segmentos com números tão baixos?	51
15	Marcas que grudam	53
16	A marca é um grande diferencial	55
17	A marca também depende da sua equipe	57
18	Existe comunicação interna nas empresas Top?	59
19	Marcas para durar? Nem a pau Juvenal!	61
20	A Lei da Dominação	63
21	A grande batalha nas mentes	65
22	Mercados abertos para todos	67
23	Concessionárias passando lotadas	69
24	Propaganda. O desafio de não ser esquecido	71
25	O fim da influência asiática	73

SUMÁRIO

26   Se há Governo, siglas que se danem   75

27   Preço não é tudo. Conquiste a lealdade   77

28   Não temos ícones na moda feminina   79

29   Da barriga para a cabeça, o Top tomou Doril   81

30   Auscultando nossos hospitais   83

31   Cadê o biscoito que estava aqui?   85

32   Precisamos construir ainda uma marca forte na construção   87

33   Conheça o método do Top   89

34   Aprendendo com o Top. Lições inesquecíveis   93

35   No Top, dormir no ponto pode ser fatal   95

36   Ser Top é estar de olho no olho dos clientes   97

37   O coração tem razões que a razão desconhece   99

38   Afinal, o que é uma marca?   101

Bibliografia   103

Anexos   105

Apresentação

Enio Carvalho é um profissional de fundamental importância para mim e para nossa empresa. Construímos, com Enio, uma relação que funciona como uma via de mão dupla: com muitas trocas e aprendizados recíprocos. Fomos o seu primeiro cliente e ele foi o nosso importante mestre nas áreas do marketing e da gestão estratégica. Naquela época, no início da década de 1980, falar em marketing era como um "palavrão". Vivenciávamos a época da profissionalização e, sem Enio Carvalho, muito provavelmente não teríamos conseguido estruturar a nossa empresa e os nossos negócios na direção do mercado e das novas exigências que se tornavam necessárias para transpormos uma década que acabou sendo considerada, por muitos empresários, como a "década perdida". Para nós, da Osvaldo Neri Representações, foi uma década de crescimento e de muito reconhecimento junto ao setor calçadista nacional. Nossas ações nos campos da venda e do marketing surpreenderam e foram reconhecidas pelas principais indústrias do País, pelos veículos especializados e, principalmente, pelos nossos clientes. Nesse sentido, destaco os painéis dos consumidores desenvolvidos por Enio, que eram importantes instrumentos de sinalização das direções do mercado, das novas tendências do varejo e do consumo. Por meio deles, identificávamos, em diversos segmentos, as marcas, as regiões da cidade, os bairros, as empresas e os veículos de comunicação em ascensão ou declínio na percepção dos consumidores.

Agradeço muito a Enio por todos os ensinamentos. Aprendi a admirá-lo muito, seja por sua sabedoria ou por sua sinceridade "polêmica e exigente". Ao longo de 30 anos de convivência pessoal e profissional, pude testemunhar as importantes conquistas realizadas por ele para o enriquecimento das áreas de marketing e vendas no mercado baiano. O primeiro livro lançado por Enio, há dez anos, *Marketing – Aprendendo com os Erros e Acertos*, foi um importante exemplo do trabalho, da dedicação e da visão estratégica que este profissional desenvolveu ao longo da sua trajetória. Contribuímos simbolicamente para a colocação deste livro no mercado, adquirindo alguns dos seus exemplares que, hoje, estão em posse de diretores de indústrias e do varejo de calçados, de gerentes de lojas e de outros profissionais, e sempre ouvi comentários e observações muitos positivos de todos esses leitores. Particularmente, considero esta obra do Enio um conteúdo sempre atual: é como se estivéssemos lendo um caderno de negócios e economia do dia. Com relação a este segundo livro, tenho certeza da sua utilidade e contribuição para todos nós, profissionais e empresários interessados por marketing e por negócios de uma forma geral. Mais uma vez, seus conteúdos nos proporcionarão importantes reflexões desenvolvidas a partir das experiências e estudos vividos por Enio ao longo dos seus 30 anos de atuação no campo do marketing.

Osvaldo Neri
Diretor da Osvaldo Neri Representações e
Grande incentivador do Pólo Calçadista Baiano

Introdução

Há 14 anos, tivemos o privilégio de oferecer ao mercado baiano informações qualificadas sobre a lembrança das marcas. O Top of Mind apresentou-se como um farol para o mercado, que começava a ficar competitivo e carente de dados. Na qualidade de idealizador do projeto, acompanhei de perto todas as fases dessa implantação, envolvendo-me de corpo e alma, por entender a importância que os índices do Top traziam, sem perder de vista aquela máxima que existe na Bahia no que se refere à continuidade das iniciativas. Aqui somos campeões de novas idéias e, ao mesmo, tempo enterramo-las todas. Quando criamos o Top, prevíamos que ele vinha para ficar, mesmo sabendo que nossos empresários, e por extensão, suas agências, não cultivavam muito a vontade de adquirir essas informações. Naquele ano (1995), a pesquisa ainda não era levada a sério. Elegemos esse projeto como prioritário. Por tudo isso, ele foi tomando corpo, ganhando credibilidade e tornando-se a cada ano o grande evento de reconhecimento do mercado.

A vivência com esse projeto proporcionou-nos um amplo conhecimento das forças e fraquezas das empresas baianas nessa caminhada do Top. Daí a idéia de fazer este livro, para mostrar e demonstrar, com números reais, dados e lições que envolveram mais de 500 empresas e quase 18.000 pessoas entrevistadas. Os 38 artigos que escrevemos refletem todo o processo que existe com relação às marcas e suas particularidades. São artigos soltos, que servem de reflexão porque trazem índices e nomes reais permeados com alguma orientação que podemos observar nestes 30 anos de consultoria. Um detalhe interessante que o Top of Mind nos traz: nesses 14 anos, apenas 29 empresas conseguiram índices superiores a 30% para estar entre as dez mais lembradas de cada ano. Confira esses números no Anexo deste livro.

Todos os artigos que vocês encontrarão neste livro possuem as seguintes características: valem a pena ser contados; divertem e chamam atenção; são verdadeiros; e possuem no mínimo uma lição prática a ser aprendida e assimilada. Logo, é de grande utilidade para as empresas que têm todos os dias suas marcas colocadas à disposição dos consumidores. Precisamos apaixonar-nos mais por nossas marcas, estreitar relacionamentos e favorecer as intenções de compras. A Marketing Consultoria tem procurado incentivar e promover ações que sejam úteis ao mercado. Foi desse modo que criamos, na década de 1980, o prêmio Recall de marcas e o Painel dos Consumidores. Realizamos na década seguinte inúmeros congressos, seminários e workshops, estimulamos e criamos associações, escrevemos um livro que mostra nossos erros e acertos, entregamos ao mercado o Top of Mind, posteriormente, o The Best e, mais recentemente, o Top of Heart e os Anuários de Arquitetura e de Saúde. Todos no intuito de criar ferramentas de orientação e reconhecimento. Essas contribuições vão ao encontro do objetivo para o qual fomos criados, ou seja, o de estar focado na missão de cooperar com as empresas na gestão de suas marcas, clareando dúvidas e dotando-as de um melhor conhecimento das forças e fraquezas, a fim de que suas marcas possam estar onde todos gostariam, ou seja, na mente e no coração dos consumidores. Estou certo de que este livro será bastante útil para estudantes, profissionais de marketing e empresários, porque ajuda a entender o mercado onde já trabalham ou trabalharão.

Nos primeiros artigos explicamos o Top, sua função e as conseqüências do bom ou mau posicionamento. Falo da durabilidade das empresas e da gangorra existente. Nos demais, chamamos a atenção para os resultados que ocorrem em vários segmentos, tentando mostrar o que ocorre com a dança das marcas, e fecho mostrando o real significado de uma marca. São experiências ricas com citações e índices reais, relatadas no intuito de que todo processo de profissionalização que vivenciamos nestes 30 anos leva-nos cada dia a um mercado mais forte e melhor para todos, em que o marketing tenha sua bandeira fincada e respeitada por clientes e agências. Vejo ao completar esta feliz etapa da minha vida, com bons olhos e com uma ponta de orgulho, que o marketing está amadurecendo no Brasil. Recente pesquisa pilotada pelo Ibope Inteligência constatou que é crescente a presença do marketing nas empresas como filosofia estratégica. Estamos aos poucos deixando a adolescência para entrar na maturidade.

Ficaria muito feliz em receber seus comentários, criticas e sugestões em meu e-mail enio@mktconsult.com.br.

Enio Carvalho

1 | Muitas marcas na mente. Alguma Top?

Todos nós lembramos de marcas que tiveram muita expressão na nossa vida. Quando criança, admirava o tino comercial do Seu Cândido, um espanhol que, junto com Seu Manoel, era proprietário de um armazém de esquina do Campo Grande com a Araújo Pinho, bairro e rua de Salvador.

Eles entendiam como ninguém de relacionamentos e do que vendiam. Sabiam as mercadorias preferidas de seus clientes, entre os quais minha mãe se enquadrava. Naquele tempo, os espanhóis dominavam esse segmento de armazéns, com suas famosas cadernetas, em que se lançava na conta e se pagava quinzenal ou mensalmente. Falamos das décadas de 1950 e 1960 do século passado.

De repente, um sergipano saído de Ribeirópolis revolucionou o comércio com seu auto-serviço. Seu nome? Mamede Paes Mendonça. Recebia assim minha primeira lição mercadológica. Ninguém pode dormir nos louros, principalmente quando se trata de mercados. Já não era necessário ficar no balcão pedindo isso ou aquilo ao seu Cândido e ao seu Manoel.

Agora, podíamos pegar o que queríamos e pagar no caixa. Acabava a função da caderneta e o ato de botar na conta do pai. Era chegado o momento das compras à vista. Com muito mais opções, o seu Mamede engoliu todos os espanhóis com seu novo conceito de supermercado. Nosso invasor sergipano acabara de expulsar os espanhóis da hegemonia da alimentação dos baianos. Temporariamente, é claro, pois eles voltariam mais tarde nos setores da telefonia, bancos e construtoras.

Nos meus primeiros anos de vivência de marcas, na faixa etária entre nove e 18 anos, vi de perto o surgimento de algumas e o desaparecimento de outras tantas marcas. Lojas, colégios, restaurantes, bares, blocos de carnaval surgiram e desapareceram entre os dedos. Trabalhei no Banco da Bahia onde convivi com pessoas como Geraldo Queiroz, que muito me ensinou. Passei por empresas onde emprestei a minha voz e artigos, a Rádio Excelsior e o Esporte Jornal. Vi de perto o desaparecimento das Duas Américas, Florensilva, Mesbla, Credifácil, e sempre me perguntava: marcas têm tempo de vida? Por que não se perpetuam? Trabalhando aqui e acolá na área de vendas, acompanhei a ascensão e a queda de vários produtos. E tinha sempre o mesmo questionamento: por que os relacionamentos eram tão frágeis?

Um dia entrei para a faculdade. Fui fazer Administração. Na primeira aula sobre mercadologia do saudoso amigo Professor João Vargas Leal, entrei em contato com minha grande paixão: o marketing. Daí em diante, mergulhei no assunto e não parei. Terminei a graduação, fiz pós, mestrado e, depois de trabalhar para algumas grandes empresas, tornei-me um consultor. A rigor, as grandes escolas de marketing da minha vida chamaram-se Banco Econômico, em que aprendi muito com JCP e equipe, bem como a Bahiatursa, onde apliquei muito do que aprendi no Banco.

Era chegada a hora dos avanços. Para um trabalho solo. Criei minha consultoria que, desde 1979, ajuda clientes a entender melhor os mercados, para melhor atendê-los. O Top of Mind, este grande projeto de aferição, veio a reboque para avaliar tudo isso, com suas pesquisas, prestando relevantes serviços ao mercado. Com certeza, se os personagens citados tivessem à sua disposição essa ferramenta chamada Top of Mind, cometeriam menos erros e, talvez, ainda estivessem oferecendo seus produtos ao mercado.

Fica a lição: ninguém pode deixar de fazer pesquisa sobre a penetração de suas marcas porque a inovação está enraizada na marca. As centenárias Coca-Cola e Nestlé estão cada dia mais vivas e fortes, cuidando de suas marcas. Outras, um pouco mais nova como Natura, Rede Globo, Mc Donald's, Danone, Boticário, Casas Bahia e Bradesco, disputam o mercado nos seus segmentos dando um show de competência e total atenção para com suas marcas.

2 | Dança das marcas

Os jardins empresariais da saudade estão cheios de registros de marcas que já foram fortes. Lá estão enterradas marcas que foram sinônimo de sucesso. Aqui em Salvador existiu a Slooper, a Feira dos Tecidos, o Paes Mendonça, as Lojas Ipê e a Fernandez. Quando estendemos o foco para o Brasil, encontramos a Mesbla, o Mappin, a Arapuã, a Vasp, a Transbrasil, dentre outras, sem esquecermos a Enciclopédia Britânica – escola de vendas de muitos.

Aí vem a pergunta que nunca quer calar: não deveriam essas empresas se perpetuar? Quanto tempo dura uma empresa? Por que algumas são mais longevas? Existe um livro de dois autores americanos,

Jerry Porras e James Collins, que tem o sugestivo título "Feitas para Durar. E por que não duram?". Recomendo a leitura desse livro.

Reflitam sobre estes dados: das 500 maiores empresas em operação no ano de 1973, só 23% ainda existem. Bastaram 36 anos para assistirmos à morte de 385 marcas. E por que fecharam as portas? A resposta, todos nós sabemos. Resumindo, chama-se má gestão. O Sebrae tem algumas hipóteses a respeito da falta de capital de giro, desconhecimento de mercado, concorrência, etc. A rigor, a gestão de uma empresa, e por extensão de uma marca, não é complicada quando se tem pessoas qualificadas no comando e foco no cliente, razão de ser do negócio.

Se você tem uma marca, você tem de saber criar uma demanda e perpetuá-la. Tem de passar confiança, ganhar reputação, buscar sempre a excelência, ser visto, conhecido e reconhecido o tempo todo. Passar valor ao que está ofertando, estar sempre à frente de todos os concorrentes, criando uma imagem consistente, para ganhar conceito de maneira positiva. Esse é o caminho.

Não se constrói uma marca apenas com propaganda. Ela tem de ser administrada e administrável. A sobrevivência da marca depende de como lidamos com fatores internos e externos. A longevidade tem a ver com a sucessão de seus líderes.

Muitas vezes, o pai que enxergou aquela oportunidade não faz e não tem seguidores. Aí o caldo entorna! Neste mundo competitivo em que vivemos, "ninguém tem uma segunda chance de causar a primeira boa impressão", como diria o Al Ries. Por isso é que a dança das marcas vai continuar até que a profissionalização possa tomar conta deste mercado. A palavra de ordem é informação. Provavelmente, essas marcas que desapareceram não sabiam, ou não queriam saber, que o mercado comanda tudo. E que ele é composto de gente, que precisa ser auscultada e entendida. O Top of Mind é um dos instrumentos desse processo. E por incrível que pareça, ainda são poucas as empresas e agências de propaganda que adquirem essa informação estratégica. Ficam as perguntas: será que as empresas que desapareceram tinham o hábito de fazer ou encomendar pesquisas? Possuíam um plano de marketing? E então? Será que essa dança mortal vai continuar nos próximos anos?

3 | O Top of Mind como farol

No século passado, mais precisamente em 1995, iniciamos um trabalho de reconhecimento e valorização das marcas. Exemplos bem-sucedidos em São Paulo e Porto Alegre levaram-nos a convidar a Abap-BA, o jornal A Tarde e a TV Bahia para lançarmos o Top of Mind. Não como premiação, mas sim como um instrumento de balizamento para o mercado. Vivíamos um bom momento, mas não tínhamos informação sobre as marcas mais lembradas, ponto de partida de tudo. Fomos a campo escutar a voz do mercado, por meio das entrevistas feitas pelo pessoal da P&A, de onde obtivemos as primeiras 50 marcas mais lembradas e reconhecidas pelos consumidores. Relatório em mãos, tratamos de fazer uma solenidade como manda o figurino. Foi no Hotel da Bahia que essa caminhada começou. Como na Bahia o hábito de fazer pesquisas é ainda pouco valorizado, o próprio mercado viu com certa cautela esse primeiro resultado. Vendemos apenas dois relatórios. Lembro como se fosse hoje as palavras de Maurício Magalhães, então gerente de marketing da Rede Bahia, "Não se preocupe. Esse prêmio será o grande instrumento do mercado baiano nos próximos anos". Hoje, sem dúvida, o Top é o grande instrumento de avaliação das marcas. Sua credibilidade é indiscutível. Apesar de tudo e da pirataria e picaretagem existentes nas barbas das autoridades competentes que nada fazem. Refiro-me a uma empresa pirata que andou mandando diplomas gratuitos para Deus e o mundo, dizendo que todos eram Top of Mind Brazil, com Z, acompanhados de um boleto bancário. E teve gente que pagou! Voltaremos ao assunto mais adiante.

Nosso Top of Mind, apesar de tudo e de todos, continua sua trajetória de ascensão firme e forte para hoje ser o instrumento de avaliação e reconhecimento mais desejado do mercado. Seus relatórios têm ajudado muita gente a ver melhor os caminhos. As tempestades que agitam os mares do nosso mercado podem ser mais palatáveis se conhecermos os caminhos do porto seguro. Muitas marcas que deram pouco valor aos índices divulgados não souberam fazer a leitura correta das trilhas e naufragaram. Muitas ditas como ícones desceram ladeira abaixo. Umas fecharam, outras foram incorporadas e outras continuam sobrevivendo, mas lamentando muito e, para variar, pondo a culpa no governo. Aliás, o que tem gente que dá tiro no escuro e pede ao governo que clareie o ambiente não tem sido pouco. As informações estratégicas do Top of Mind ajudam a perpetuação dos negócios. Quando o mar não está para peixe, com ondas agitadas e muita nebulosidade, precisamos de uma bússola.

4 | A caminhada do Top of Mind

Elegemos realizar a pesquisa do Top of Mind sempre no segundo semestre, mais precisamente entre os meses de setembro e novembro. Formamos um Conselho Superior, ouvimos as agências de propaganda e definimos quais seriam os 50 segmentos a ser pesquisados. Daí era só fazer a pesquisa e aguardar os resultados. Com os números em mãos, realizávamos as comparações para ver o que estava ocorrendo com as marcas. Colocávamos o relatório à venda e tratávamos de providenciar a solenidade de entrega dos troféus e certificados. Os primeiros cinco anos do Top começavam a incomodar os descansados, principalmente os que dormiam nos louros, tal como o seu Cândido do armazém.

Àquela altura, o Top of Mind já possuía uma massa crítica que permitia aos mercadólogos, e não marketeiros, uma análise apurada da ciclotimia dos números. Começávamos a enxergar oportunidades. Agora, era preciso saber ler a pesquisa. Por que tal marca está caindo? E caindo onde, já que o relatório permite e possibilita esta comparação? Onde ela é mais forte? Qual o segmento que atinge e que não atinge? Mais do que nunca se tornava fundamental saber ler os números. De nada adianta adquirir um violino se não sabemos tocar.

Foi assim que assistimos a uma grande marca de café, a América, despencar de 50% de lembrança na década de 1990 para 18% em 2000, e daí em diante ladeira abaixo. Diga-se de passagem, seus gestores adquiriam as pesquisas. Vale ressaltar que, em 1995, o café Maratá dava traço, vindo a aparecer pela primeira vez com 5,8% no ano de 2000.

O mesmo ocorreu com as lojas Arapuã que, de uma média de 40% de lembrança, entregava o ouro à Insinuante em 1999, perdendo de 36% x 30%. Paralelamente, o mesmo ocorria com o Bradesco, que tirou a coroa do Banco do Brasil a partir de 1998 para não entregar mais.

Penso, a princípio, que essas marcas que despencaram não souberam administrar as vulnerabilidades, as dificuldades e as oportunidades. O Top apontava claramente a dança dos números. Estar atenta é obrigação de toda empresa. Por isto entendo a importância do Top of Mind como instrumento de foco constante. Existe um livro chamado *E o Outro Vacilou*, que trata da guerra das colas entre a Coca e a Pepsi, que aborda aquele vacilo que a Coca-Cola deu quando quis trocar o sabor do tradicional refrigerante. Foi o suficiente para perder uma boa fatia de mercado para a Pepsi. Por aqui, um vacilo na rotação do disco derrubou o império chamado Paes Mendonça. O tempo é o senhor da razão. O mercado é dinâmico. As pesquisas do Top mostravam a ascensão da Skol quando a Brahma reinava, mostravam também o declínio de lembrança da marca Varig. O Top deu, dá e sempre dará os números. A gestão fica por conta do cliente.

5 | O reposicionamento na hora certa

O Top of Mind começava a incomodar quem caía, deixando felizes os emergentes, principalmente os que souberam inovar e enxergar o futuro. Como em tudo, principalmente na Bahia que é a terra dos absurdos, alguns questionavam a realização das pesquisas. Tínhamos a perfeita convicção de que as empresas contratadas estavam fazendo direitinho a sua parte. Aos poucos, ou seja, a cada ano, aumentavam os números de relatórios vendidos. Mas ainda carecíamos de recursos para cumprir os compromissos, vez que o Top of Mind não cobra nada de ninguém. Bom que se frise isto: o Top não foi lançado para obter dos vencedores recursos financeiros. Fica assim bem claro e entendido que se alguém quiser lhe vender um diploma de reconhecimento e cobrar por isso, esqueça.

Foi aí que surgiu uma empresa cearense de pesquisa que lá fazia o Top of Image, em que vendia bem seus relatórios editando um caderno memorável com lucro para os promotores. Eles queriam entrar no mercado baiano e nos propuseram fundir o prêmio. Teríamos então o Top of Mind & Image, em que seriam medidas a lembrança e a preferência. Achamos uma boa idéia e topamos fazer, com o segundo jornal daqui. O resultado é que o mercado não compreendeu por que estávamos premiando as marcas A e B, como, por exemplo, o Paes Mendonça como mais lembrado (o Mind) e o Extra como preferido (o Image). A Teixeira como a mais lembrada e a Ernesto como a preferida. Realmente, esse vacilo quase liquidou o Top. Quando realizamos a festa e percebemos isso, o mais rápido possível desfizemos tudo com os cearenses e voltamos para o que era antes como um detalhe. Agregávamos valor ao evento colocando a pesquisa para ser auditada 100% pela Performance Alliot. Os auditores dessa empresa saem ao lado dos pesquisadores para ver se tudo está ocorrendo como foi planejado. Agora e definitivamente ninguém poderia ter mais dúvida. O Top of Mind reposicionava-se robustecido e pronto para ficar e servir ao mercado. A auditoria da pesquisa passava dos 20% tradicionais para 100% em todas as etapas, vez que o pessoal da Performance não brinca em serviço. Isso, em última análise, chama-se gestão do prêmio.

Não vacilamos em rever posições e melhorar o que estava sendo feito. Outro avanço importante foi o de parametrizar o prêmio criando seu regulamento, que se encontra hoje claramente hospedado no nosso site mktconsult.com.br. Lá registramos que os pesquisadores têm apenas três segundos para obter as respostas dos entrevistados; que também não premiamos as empresas que têm menos de 4% de lembrança (margem de erro); e que o vencedor não tem nenhuma obrigação financeira para com o Top. As métricas estavam postas. O mercado tinha seu instrumento de aferição. Já havia uma expectativa por resultados.

6 | Marcas foram feitas para ser administradas

Fim do século XX, a pesquisa anual do Top of Mind deixava de ser feita pela P&A e passava a ser feita na Painel Brasil, contando sempre com a auditoria de Renato Mendonça, da Performance. Paralelamente, após passarmos por parcerias com o Correio da Bahia, Gazeta Mercantil e Bahia Negócios, que editaram os cadernos do Top, voltamos a fazê-lo com o jornal A Tarde, que via no prêmio o instrumento ideal para o mercado. Essas novas etapas estratégicas traziam no seu bojo a credibilidade que o mercado conferia ao Top of Mind. Sem dúvida, a visibilidade que A Tarde confere é indiscutível. Por outro lado, avançávamos no cruzamento das informações com a Painel Brasil, o que permitiu que se conhecesse melhor as oportunidades não muito bem-interpretadas. Marcas foram feitas para ser administradas. Elas precisam agregar valor, gerando preferência e fidelidade, a fim de aumentar o potencial de compra. A marca não deve ser vista apenas como um nome. Essa consciência está ganhando corpo. Existem passos para tanto. Primeiro define-se o nome tendo como precedente o perfil do público-alvo, depois é hora de comunicá-lo ao mercado. Essa etapa não acaba nunca.

Marcas que são atiradas ao mercado sem definição do público e sem um plano de comunicação, como parecem fazer as academias de ginástica, agências de viagens, barzinhos, clínicas médicas, construtoras, cursinhos pré-vestibulares, restaurantes e revendas de carros, tendem a ter índices de lembranças inexpressivos. E o esquecimento nesta época de mercado competitivo é fatal para quem quer conquistar posições e perenizar mercados.

Sempre chamamos a atenção sobre esse aspecto, por entendermos que nessa competição pela conquista do cliente as marcas jamais deveriam ser colocadas em segundo plano. Se as pessoas não estão lembrando por onde passaram e tiveram alguma experiência, é porque algo não saiu perfeito. Se o mercado vive da lembrança do consumidor pelas suas ofertas, o fato de não se ter colocado aquele nome ou marca na cabeça significa, em última análise, deixá-lo escapulir pelos dedos, o que demonstra nenhuma gestão.

Vejo com satisfação que essa nova geração, que está assumindo as empresas neste novo ciclo empresarial, traz banco de faculdade, onde se aprende o real valor de uma pesquisa. Por isso tenho certeza que de agora em diante deve se dar maior valor ao Top, ocorrendo o mesmo com profissionais de marketing, que terão seus trabalhos reconhecidos nos próximos anos, vez que findou a era das improvisações e do "feeling". Doravante, quem não administrar sua marca vai ficar falando para as paredes.

7 | Quanto vale uma marca? E ser lembrado?

Os números do reconhecimento estão aí nos jornais, revistas e sites. Estudos feitos em 2007 pela Interbrand – consultoria especializada em avaliação de marcas – davam à Coca-Cola o valor de 65 bilhões de dólares, seguida pela Microsoft com 58 bilhões, depois a IBM com 57 bilhões, a GE com 51 bilhões e a Nokia com 33 bilhões de dólares. Os outros que fazem parte dessa lista mundial são a Toyota, a Intel, o McDonald's, a Disney e o Google. Para chegar a esse valor, a Interbrand leva em conta a lucratividade da marca, a preferência dos consumidores e a competitividade para gerar lucros futuros.

Olhem bem. Estamos falando de bilhões de dólares! Observem a importância de uma marca em caso de negociações futuras. São valores altamente expressivos que ajudam a gerar preferências. O que têm em comum essas marcas? Elas têm um nome fácil de lembrar, memorizar e escrever, e fazem investimento permanente em comunicação. Aí é que está. Marcas mundialmente conhecidas e desejadas são administradas todos os dias com investimento em comunicação e bons produtos para não serem nunca abandonadas ou esquecidas pelos consumidores.

Por aqui, as marcas mais lembradas são: Itaú, Bradesco, Natura, Banco do Brasil, Skol e Petrobras, segundo a Interbrand que também coloca Brahma, Unibanco, Antártica, Embraer e Sadia no ranking das mais importantes marcas do mercado. Na realidade, a marca sozinha não garante a sobrevivência do negócio, mas pode mudá-lo. Os consumidores têm uma relação direta com a marca. Eles recordam dela como recordam dos amigos de infância ou do primeiro carro. Marcas que sabem construir relacionamentos emocionais e perenes com os consumidores, extraindo fidelidade, têm mais chance de manter e fortalecer essa relação. Assistimos, ao longo destes 30 anos de atividades da nossa empresa, marcas que surgiram e outras que desapareceram.

Algumas lembramos com saudade e outras com alívio. A marca Paes Mendonça, que já foi símbolo de supermercado, até hoje é lembrada na pesquisa do Top. Na realidade, o consumidor de modo em geral tinha um amor por esta marca e pelo seu fundador. Amor este que os executivos não souberam aproveitar, horizontalizando-a. Uma pena. Você que nos lê, quanto acha que vale uma marca do seu conhecimento? Sabe o que essas empresas fazem para perpetuar suas marcas? Ou pensa que esse negócio de administrar marca é um problema das agências de propaganda?

A marca é um ativo valioso e, como tal, sua gestão deve ser uma preocupação de todos, principalmente dos seus funcionários que ostentam roupas ou crachás nas ruas. O preço da lembrança é a eterna vigilância.

8 | Por que umas marcas caem enquanto outras sobem?

Todos os anos, os números do Top são aguardados com grande ansiedade pelas empresas e agências do mercado. Alguns envaidecidos com o reconhecimento, outros preocupados e apreensivos e, por que não dizer, outros questionando só para ter a sensação de que não é isso. Mas é. Infelizmente, alguns donos de negócios não curtiam e nem curtem uma boa pesquisa e suas análises. Eles se acham. Assemelham-se à Kodak, que controlou o mercado de filmes com 80% de "share". Ela e eles sentiam-se tão seguros que não se preocupavam com os sinais dos tempos. Deu no que deu.

Nestes 14 anos, assistimos o Top mudar de mão em alguns segmentos. Um deles era sobre a marca de café mais lembrada. De 1995 a 2003, uma marca de café liderou a mente e o paladar dos consumidores chegando a ter mais de 50% de lembrança espontânea. Com seu slogan "o gosto puro do bom café", aliada a uma horizontalização feita com muita competência, essa marca estava na boca e na mente dos baianos.

Não mais que de repente, esse café passou a não coar direito. Enquanto seus números declinavam, uma marca nova oriunda de Sergipe foi chegando, chegando e chegou. Em 2002, o café Maratá conquistou o Top. E não mais largou, nem a mente e nem a preferência.

Essa gangorra também pegou a Arapuã, que deu lugar à Insinuante; a Ernesto, que também já teve 50%, cedeu espaço para a Fábrica de Óculos e esta à Diniz. O que houve com estas e outras marcas? Seus dirigentes sabem. Antes de perder o freio ladeira abaixo, o carro dá sinais de desgaste.

O Top cumpriu seu papel mostrando as oscilações. O que pensam os consumidores sobre essa dança de preferências, só eles sabem. Precisa ser pesquisado. Esta é uma etapa do "branding" ou administração das marcas. Tudo foi e está registrado nos cadernos do jornal A Tarde.

Sem dúvida, as marcas líderes quando começam a perder espaço é porque têm algum problema, quer seja com seu "mix", sua política comercial, seu atendimento, sua pós-venda, localização de lojas, enfim, algo existe. O que não dá é para ficar na janela vendo a banda passar. O índice de satisfação e penetração das marcas precisa ser bem-avaliado, permanentemente. Todos os anos, cursinhos pré-vestibular têm marcas reconhecidas. No entanto, seus índices são baixos diante dos 45% que não sabem dizer ou não lembram o nome de um dos existentes. Não seria o caso de rever posicionamentos e estratégias?

9 | O que significa ser líder no Top?

Dizem os especialistas Al Ries e Jack Trout que há uma escadinha em cada mente onde armazenamos no mínimo três a quatro marcas por produto. E que normalmente a primeira marca da escada é a mais lembrada, reconhecida e, conseqüentemente, a preferida. Lembram esses autores um agravante: se você não for uma das quatro marcas mais lembradas na mente dos consumidores, "peça para sair, 04, porque marquinhas", como diz Capitão Nascimento da Tropa de Elite, "jamais serão, jamais serão!". Logo, precisa reinventar-se.

Há produtos que não têm uma marca forte porque ainda não disseram para que vieram. Não souberam construir uma identidade. Há empresas que lideram o Top desde a sua criação em 1995. São vários anos grudadas na mente dos clientes. Isso ocorre com as marcas do bloco Camaleão dos irmãos Neri, com a farmácia Santana, com a Brasilgás e com o Shopping Iguatemi. Não nos aprofundamos no assunto, mas as marcas mais lembradas de qualquer mercado são as que sabem gerar a preferência, investindo corretamente em comunicação, no produto e no atendimento, sem problemas de identificação. Para quem vou comunicar e qual veículo adequado são, no mínimo, etapas obrigatórias. Trata-se de uma metodologia ideal. Aí perguntamos: o que é melhor, criar ou manter uma marca líder? A resposta simples poderia ser manter. Lembrei-me do Dr. Norberto Odebrecht que, no seu livro, fala das "armadilhas do sucesso", quando diz: "chegar ao cume de uma montanha não é nada. Difícil é manter-se por lá".

A rigor, a criação e a manutenção de uma marca são faces da mesma moeda. Os estágios é que são diferentes. São etapas que demandam uma administração profissional. E observem bem. A gestão da sua marca jamais pode ser delegada a uma agência de propaganda ou mesmo àquele estagiário ou parente da família. Isso é coisa de profissional. Se você tem uma marca de fácil assimilação, um bom produto, bem localizado, com uma boa política de preço e boa comunicação, deve sempre estar atento a tudo e a todos que gravitam em torno de sua marca. Se seus funcionários são destreinados e atendem mal seus clientes, isso pode ser uma das causas do esquecimento que o consumidor está lhe dando.

Fique atento. O preço da vitória é a eterna vigilância. Marcas líderes estão se atacando todos os dias. Não há vacilo. Todo mundo de olho no mercado. Como diria meu amigo José Roberto W. Penteado Filho, autor do livro *Marketing no Brasil Não é Fácil*, a velhinha que vendia bananas porta a porta, fazendo seu bom marketing, continua viva, enquanto a GM...

Na década de 1960, existiu em Salvador um bloco de carnaval chamado Jacu. Suas mortalhas azul-turquesa eram uma beleza. Era um bloco sem corda, mas com muito coração e músicas inesquecíveis, elaboradas por Walter Queiroz. O Jacu já foi líder. E teve tudo para ser o Camaleão de hoje. Apesar dos esforços de alguns saudosistas, ele reside apenas na nossa mente. O que faltou ao Jacu para eternizar-se? Como diria o Francisco Madia, faltou tornar-se literalmente um camaleão, adaptando-se aos tempos.

10 | Na liderança do Top, só os melhores

Há uma frase que dizem estar afixada na sede do Ipiranga – time baiano que já foi um dos quatro melhores – que diz: "nosso clube não se vende, não se empresta e nem se dá!". O Top também é assim: embora exista gente que pensa tratar-se de um instrumento comercializável. Já recebi, de empresas e empresários de nível, alguns recados – quando não pessoais – dizendo que desejavam ser líderes do Top, os quais rebato prontamente. Faça por onde! Se o mundo não lhe reconhece, quem sou eu para fazê-lo? Há nomes que são Top, mas que, envolvendo-se em escândalos – como foi o caso da Nike (exploração de mão-de-obra infantil) –, se vêem de repente com a reputação abalada. Quanto custou ao comandante Rolim colocar a marca TAM entre as melhores do mundo? O que custou à marca TAM seu comportamento no período do apagão aéreo? Durante muito tempo, a marca VW – Volkswagen dominou a mente e a preferência dos brasileiros. Tinha até um slogan que dizia: "Volkswagen, a marca que conhece nosso chão". Será que eles pensavam que eram eternos? Há 35 anos aportou por aqui a marca Fiat vinda da Itália.

Apesar dos erros em alguns lançamentos, como o do Fiat 147, essa empresa fez direitinho o dever de casa e assumiu a liderança enquanto a Volks viu seus carros ficarem para trás, vendo os bichos da Ford daqui e os de fora tomarem conta da mente e dos bolsos. Foi um tiro no gol! No mundo é assim. Vacilou, perdeu! O mercado é algoz. Jacaré que dá bobeira, vira bolsa de madame. Portanto fique de olho nos números. A medalha de ouro não é para todos. No pódio de sempre, só os melhores. Quantos foram e não são mais? A Vasp já abriu suas asas com ternura para você ganhar altura e, depois, emborrachou-se no chão. Não mais existe, o mesmo aconteceu com a Transbrasil. A Varig toda poderosa já levou até seu Cabral para Lisboa. Essas companhias foram, hoje é a vez da TAM, da Gol e da Azul. Que se descuidarem, verão a coisa preta no céu azul. Nesse mercado, ninguém sabe quem serão os líderes do futuro.

Há um dado importantíssimo, divulgado recentemente pela consultoria do amigo Jaime Troiano, que diz: 63% dos executivos não avaliam corretamente quanto vale sua marca. Não é um espanto!

Nesse caminho foi que a Superbrands divulgou serem a Nestlé, a Rede Globo e a Coca-Cola as marcas com maior índice de reconhecimento do mercado. Foco nelas! O que elas estão fazendo para ter esse alto índice, superior a 80%? Benchmarking nelas! Ou no popular: Miremo-nos no Abelardo Barbosa – ô Chacrinha com seu inesquecível ditado: "Aqui nada se cria tudo se copia". Mais uma vez a lição: precisamos administrar nossas marcas. De olho em tudo e em todos.

11 | A pirataria desejando confundir

Registramos, por sugestão da TV Bahia, a marca do Top of Mind no INPI – Instituto Nacional de Propriedade Industrial com a ajuda do pessoal da Brasnorte. Possuímos certificado e tudo. Pois não é que de repente uma dessas empresas espertas que existem no mercado, que mudam mais de nome do que o pessoal das novelas, insatisfeitas com o que já fazem contribuindo para desinformar o mercado, resolveu criar o Top of Mind Brazil, com Z! Imprime um diploma com a faixa verde e amarela, manda para Deus e o mundo anexado a um boleto de R$ 165,00 da Caixa Econômica Federal, dizendo que ouviram por telefone 13.500 pessoas. Tudo "grupo". O pior é que acham quem pague. E mais: afixam esse diploma nas suas paredes. Denunciei essa pirataria à Policia Federal, bem como abri uma ação na justiça. Identifiquei essa empresa e sabe o que deu? Deu em nada. Eles continuam a piratear, e mais, cansados deste caminho, agora almejam cobrar um pedágio aos usuários da Internet. Munidos de uma carta com boleto do Banco do Brasil, eles estão armando mais uma. Aliás, esse negócio de pirataria pega pelo pé também a TV Bahia, que faz aquele monumental Festival de Verão e assiste no último dia do evento venderem CD's e DVD's do festival, comercializados a R$ 4,00 e R$ 6,00 nas suas barbas. Por causa desses piratas é que essa ferramenta chamada pesquisa é tão mal-interpretada pela imprensa, que aproveita alguns vacilos dos institutos que as fazem nas eleições, para confundir a cabeça de quem não entende direito.

O Top of Mind é fruto de uma pesquisa séria, auditada, que visa reconhecer marcas mais lembradas. Os vencedores do Top nestas 14 edições nada pagam para ser premiados. Anotou aí? No Top of Mind não se paga nada para receber os prêmios a que faz jus. Ou você é lembrado por tudo de positivo que fez, ganhando reconhecimento dos consumidores, ou nada feito. Ficar massageando o ego e ostentando um diploma que não fez por merecer é mais ou menos igual sonhar com o ataque do Liverpool no time do Poções, do interior da Bahia. Informação é matéria-prima fundamental do momento, mas ela precisa ter credibilidade. Não dá para ficar se enganando, achando que é o que não é, afinal, seu nome não é Denorex, certo?

Você é Top porque construiu um relacionamento com sua marca, soube posicionar-se, comunicar-se bem e manter essa linha em tudo que faz. Os consumidores perceberam isso e passaram a lembrar do seu nome por tudo que você foi, é e será. Não se deixe enganar por pesquisas não sérias, permeadas por almoços e jantares apenas para massagear seu ego. Está mais do que na hora de desarmar esse circo do Bye Bye Brasil!

12 | Acarajé. O Top nas barrigas e nas mentes

Um dos quitutes preferidos dos baianos e turistas é nosso famoso acarajé. Acarajé. Por sinal, que marca, heim? Pois saiba que o acarajé significa bola de fogo de Xangô, hoje patrimônio cultural da nossa pança. Feito com feijão fradinho e com um toque de temperos que jamais a indústria vai alcançar, o acarajé é hoje comercializado em mais de 3.000 pontos-de-vendas, dando um show de localização nos McDonald's e nos Habib's da vida. O acarajé e seu irmão abará são os preferidos entre nove de cada dez habitantes e turistas de Salvador. São produtos-patrimônio de todos nós! Com camarão, vatapá e tudo que se tem direito. Hummm!!!

Há alguns mitos no mercado que aos pouco vão desaparecendo. Falava-se por aí que todo baiano anda atrás do trio elétrico, que adora uma rede para deitar, preferencialmente com água de coco, e que come muito acarajé com pimenta. As pesquisas do Top comprovaram que não é bem assim: 33% dos baianos não comem acarajés; 53% fogem do Carnaval; e 87% trabalham muito. O baiano passa a impressão de que não trabalha, ledo engano, viu! A realidade é mais ou menos igual ao avião, que parece estar parado no ar, mas anda a mais de 800 km por hora. Mais uma vez, a pesquisa do Top veio apontar essas verdades que muitas vezes são alvos de brincadeiras do Sul Maravilha.

De 1999 a 2001, procuramos saber de quem o baiano se lembrava quando o assunto era acarajé e abará. Descobrimos que Dinha e Cira eram nossos ícones. Dinha, no Largo de Santana – Rio Vermelho, onde há filas de turistas e baianos para provar seus quitutes, e Cira, na Sereia de Itapoan. Ambas com estrutura informal, porém profissional, digna de colocar para pensar o pessoal do Habib's ou McDonald's. Os clientes são atendidos por baianas bem-vestidas, limpíssimas, saindo dali com seus "acarraburgers" acompanhados do seu refrigerante preferido, podendo também ser sua cervejinha. Dizem que na Bahia existem mais baianas de acarajés do que igrejas. O que sei é que elas são muitas e que estão sempre com esse alimento originário da África a cada esquina a nos deixar loucos. Hoje todos esses pontos-de-vendas têm nome: é o acarajé da Chica, da Clara, da Laura, da Dagmar, da Vânia, da Lôra, da Vanda, da Maria. Não importa de quem. O fato é que esses produtos são bons mesmo. E que o baiano tem suas preferências, em que pese comer qualquer acarajé, basta ter ao lado uma Coca gelada ou uma Skol descendo redonda. Por sinal, a Coca foi Top of Mind com mais de 50% de lembrança e a Skol tem hoje mais de 40%. Essa combinação é batata!

Durante os anos de 2000 a 2003, Dinha liderou com 30% todos os Tops desta categoria, recebendo com seu sorriso alegre seus troféus nas nossas badaladas festas de entrega de prêmios. Convocada pelo Senhor mais cedo do que gostaríamos, Dinha está nas alturas vendo seus filhos na terra perpetuarem esse excelente negócio de inclusão social. Isso porque filhos, filhas e netos dessas baianas quituteiras hoje freqüentam faculdades daqui e de fora, moram muito bem, sabem quão importante é manter os acarajés e os abarás bem-feitos, com boa localização, visual agradável, preço competitivo e com o apoio dos orixás, chegam todos os dias a nossa barriga sem sair da nossa mente. Amém!

13 | Bahia e Vitória. Marcas poderosas jogadas pela janela

O Top of Mind ajuda a detectar algumas distorções criadas que, na realidade, não são verdadeiras. Durante muito tempo comemorou-se que, em termos de torcidas, o Bahia teria 80% contra 20% do Vitória. Seria isso uma verdade? Durante quatro anos, pesquisamos o que estava na mente dos consumidores. Concluímos naquela época – até o ano 2000 – que o Bahia tinha 58% e que o Vitória teria 32%, enquanto 10% não tinha preferências, escolhendo clubes daqui e de fora. Como o mercado é dinâmico e vive de resultados, o trabalho e os títulos que o Vitória ganhou nestes últimos 15 anos mostraram que o Bahia caiu para 48% enquanto o Vitória saltou para 38%. Se os números dessa lembrança podem ser utilizados como referência, arriscaríamos dizer que da nossa população adulta, um pouco mais de 600.000 são tricolores e mais de 400.000 são rubro-negros. Aí pergunta-se: por que apenas de 60 a 100 mil freqüentam os estádios? Por que a torcida do Vitória não enche o Barradão? Bom, isso é outro assunto que merece maior investigação. Lembrar é uma coisa. Gostar de ir aos estádios é outra totalmente diferente. Sem dúvida, Bahia e Vitória são marcas poderosas que deveriam ter um projeto profissional de relacionamento. No entanto, dão-nos a entender que são marcas de qualidade duvidosa, que não passam confiança, não são transparentes, centralizam excessivamente, o que contribui negativamente para que o relacionamento com seus torcedores seja melhor. Logo, não satisfazem seus consumidores. O Bahia, por exemplo, não possui consistência nos indicadores que representam pontos de relacionamento da sua marca com seu torcedor. Seus dirigentes deveriam procurar saber não só quem são, mas o que os torcedores pensam deles e qual a relação que desejam. Pedir isso é muito? Para amadores e armadores, sim. Para profissionais, não. Acredito que nestes 70 e tantos anos de vida, o Bahia nunca contratou uma boa pesquisa para saber de qual imagem que, o clube e seus dirigentes gozavam. Mais ou menos parecido com a postura daqueles supermercadistas que, ao serem indagados sobre o sucesso daquela loja, diziam: "Se o pátio está cheio de carros, o faturamento está alto". Logo, se a Fonte Nova estava cheia, para que procurar saber algo? Deu no que deu. O Bahia e o Vitória conheceram o que é jogar na terceira divisão.

O Vitória voltou mais rápido para o lugar de onde não deveria ter saído. O Bahia ainda não. Mas o fato é que o Top identificou que o torcedor baiano é apaixonado por futebol e paralelamente constatou que nossos dirigentes são enterradores de alegrias. O pessoal do Vitória teima em contrariar um dos P's do composto de marketing em que localização é muito importante. E o Bahia? Nem isso. Não estariam esses personagens jogando pela janela marcas poderosas? Há quem diga que a mesma pessoa que fez crescer o Vitória vai fazer crescer o Bahia. Aguardemos os fatos. E sugerimos a contratação de profissionais que possam trabalhar melhor essas marcas poderosas.

14 | Por que segmentos com números tão baixos?

Nestes 14 anos de Top, muitas e muitas vezes fiquei intrigado com índices tão inexpressivos de lembrança de marcas em alguns segmentos. Para que se tenha uma idéia, 60% das pessoas não lembram nenhuma marca de academias de ginástica. Tá vendo aí, Paulo Meira? 70% não lembram marcas de consórcios; 72% não sabem dizer nenhuma marca de agências de viagens; 57% não sabem nenhum nome de barzinhos; 60% não lembram o nome de nenhuma construtora; 46% não sabem nenhuma marca de cursinhos pré-vestibular; 59% não lembram o nome de laboratórios; 50% não sabem dizer nenhum nome de lanchonete "fast-food"; 56% não sabem ou não lembram o nome de locadoras de vídeos, viu Guy?; 55% não sabem citar nomes de lojas que vendem aparelhos celulares; 42% não lembram o nome de pizzarias; 70% não sabem ou não lembram nomes de salões de beleza; e 64%, apesar da divulgação, não sabem dizer nomes de empresas que vendem computadores. Ficava a pergunta no ar: por que as pessoas não estão retendo alguns nomes de marcas, principalmente daquelas que estão insistentemente na mídia? Como se sabe, existem marcas e bordões que ficam impregnados para sempre na mente dos consumidores. Até podemos tentar entender por que não se retém marcas de academias de ginástica e de agências de viagens, mas de outros segmentos? Construtoras estão todos os dias na mídia, laboratórios fazem parte da nossa vida. Fast-foods são o que há de melhor nos shoppings e aparelhos celulares são a bola da vez juntamente com computadores. Até onde reside a culpa dos donos desses negócios ou de suas agências? Isso precisa ser mais bem investigado. Ninguém esquece que o "Danoninho vale por um bifinho". Do mesmo modo, ninguém esquece que produtos razoáveis não são nenhuma Brastemp! Se seu produto não é lembrado, haverá o consumo desejado pelos consumidores das marcas? Por causa disso, cunhei para minhas palestras uma expressão denominada de Empresas Maguila, para demonstrar a vulnerabilidade das nossas marcas.

Como todos sabem ou deveriam saber, Maguila foi aquele lutador inventado por um jornalista para ser campeão. Enfrentou um monte de adversários coalhadas e com seu braço pesado jogou todos no chão. Quando pegou pela frente o primeiro profissional – Evander Hollyfield –, foi tiro e queda no segundo round. Nunca mais se levantou. Virou arroz de festa e jurado de TV. Não estariam nossas empresas fazendo o mesmo papel? Se quisermos ter marcas que durem, precisamos estar mais atentos ao que está dizendo o mercado. Ele é quem dita as normas. Por isso convido a moçada a mergulhar sobre seus números e verificar o que está havendo.

# 15 | Marcas que grudam

Os anos vividos com o Top mostraram-nos algumas informações bastante relevantes para quem mergulha no mundo maravilhoso do marketing. Descobrimos que há um enraizamento impressionante dos consumidores com as farmácias Santana. Em todas as edições do Top, a Santana teve índices expressivos de lembrança. E o que é melhor, manteve-os por 14 anos. Alguns críticos podem dizer: "Ah, mas antigamente não tinha concorrência, hoje tem". Que seja pela política de preços baixos, pelo atendimento gentil de atendentes antigas, pela localização dos seus pontos e, com certeza, por ter sempre o que necessitamos, a Santana grudou na nossa mente. Robusta, ela está pronta para as invasões do Sul ou do Nordeste. A Santana é um bom exemplo de que vale a pena cuidar da sua marca. Dificilmente os concorrentes tomarão sua fatia na mente, hoje superior a 50%. O mesmo ocorre no gás de cozinha. A Brasilgás, que pertence ao grupo Ultra, sendo a única que tem marca própria na Bahia, grudou também na mente de todos com seu útil e necessário produto muito bem distribuído. Nas edições do Top, foi sempre uma das maiores de nossas pontuações, com índice médio superior a 70%. Hoje o mercado desse produto commoditizado pertence à Brasilgás. Não tem para ninguém. Nessa mesma linha reside a marca Ortobom de colchões. Aqui ela dá um banho – ou será um sono – em todos os concorrentes, pois apresenta um índice médio superior a 75%. Sem descuidar dos canais, a Ortobom penetrou na mente de todos. Por último, destacamos o Shopping Iguatemi, que revolucionou o varejo em 1975, caindo em cheio no gosto dos consumidores. Nos primeiros seis anos do Top, teve um índice médio superior a 60% de lembrança. Nos outros seis, apresentou uma média de 58%. Os próximos anos? Aí é outra história. Dizem os especialistas e entendidos no assunto de "branding" que todos os produtos campeões deveriam ter no mínimo 33% de lembrança espontânea. E que, quando as marcas não grudam no nosso cérebro, garantindo um lugarzinho de destaque, tendem a perder fatias de mercado. Isso já ficou provado.

O caráter morfogenético dos produtos define que eles nascem, crescem e tendem a morrer quando não são reinventados. Convido a todos a refletir sobre o assunto, principalmente os donos da faixa um, dois e três da cabeça e mente. Esses exemplos baianos mostram a todos como é importante e aconselhável cuidar bem da sua marca. E nunca dormir nos louros. O Salvador Shopping chegou para tirar o sono do Iguatemi, outros estão na fila. Uns inaugurando e outros a inaugurar. Nessa guerra, quem não se posicionar vai comer poeira. Portanto, ataque antes que outros o façam. Como diria Bel Marques com sua música, "a fila andou".

16 | A marca é um grande diferencial

Todas as marcas gostariam de ser Microsoft ou Google a nível mundial; Itaú, Bradesco ou Natura a nível nacional; Brasilgás ou Ortobom a nível local. Mas será que essas marcas chegaram onde estão facilmente? Tornaram-se poderosas da noite para o dia? Claro que não. A Starbucks, uma das mais pujantes marcas do mundo, começou sua história vendendo café em carrinhos. Hoje há mais de dez mil lojas no mundo. O que a Starbucks descobriu? Descobriu que o consumidor não quer só café. Quer um ambiente amigável com atendimento diferenciado. A Microsoft começou em uma garagem. A chave do sucesso é ler corretamente o que querem os clientes. A Toyota depositou suas fichas em um carro competitivo e na causa ambiental. Atento aos novos anos, o McDonald's não só retirou a gordura "trans" como diversificou seu "mix" de produtos. Se você quer ter seu negócio ou produto cada vez mais conhecido, e se possível consumido, atingindo um índice de lembrança superior a 60%, invista em comunicação, mas não se esqueça de agregar valor ao seu produto. Não brigue por preço. A marca tem diferencial forte na decisão de compra. Quem freqüenta supermercados sabe disso. Você já entra com sua marca preferida na cabeça. Também é possível construir e administrar marcas que o mercado precisa. Todos nós sabemos valorizar mais ou menos as marcas, escolhendo os produtos que nos são familiares. Por isso não nos incomodamos de pagar mais. Se você quer construir marcas que ficam, pense no todo. Ninguém começou grande. Portanto, marcas poderosas não viraram fortes da noite para o dia. A famosa Adidas não se fez em um estalo; a Nike também. Vamos rastrear as marcas poderosas, ver o que fizeram e fazer nosso benchmarking, que ninguém é de ferro.

Temos uma outra pesquisa denominada Top of Heart que mede a fidelização das pessoas por marcas. Implantamos esse trabalho há três anos com o apoio da Abase. Algumas constatações que sabíamos empiricamente foram referendadas. A marca OMO reina absolutamente em todas as faixas. O leite Ninho se engalfinha com o Itambé. Arroz é Tio João e feijão é Kicaldo. Sabemos por outros meios que existem marcas donas de grandes e fidelizadas fatias, tais como Leite Moça, Maizena, Queijos Catupiry, Pastilhas Valda. Fora dos supermercados, encontramos marcas com diferenciais como o McDonald's, o Habib's e a Pizza Hut. E mais, sabia que existem hoje inúmeras delicatessens na Bahia? Pois é, mas a marca Perini tem seu diferencial e não sai da mente de todos que desejam comprar com qualidade. Não é por acaso que a Perini tem a liderança na mente dos baianos no segmento das delicatessens com mais de 30% enquanto as outras não chegam a 5%. Sua marca é um diferencial, e como tal precisa ter um posicionamento e um foco permanente.

17 | A marca também depende da sua equipe

Nas minhas andanças pelo mercado, quer seja dando consultoria ou realizando palestras, perguntam-me se marcas dependem exclusivamente de propaganda. Rebato na hora. Digo que a maior falácia do século passado é a frase: "a propaganda é a alma do negócio". Essa frase não reflete à realidade. A propaganda é muito importante no contexto, mas a alma de qualquer negócio... é o próprio negócio. Cito o exemplo das Casas Bahia para fundamentar melhor minhas explicações. Essa grande cadeia de lojas do varejo negociou comerciais nacionais com as redes de TV. Daí inundou nossa mente com comerciais de ofertas. Ocorre que não tínhamos ainda lojas das Casas Bahia em Salvador.

Daí, quando fomos realizar a pesquisa anual do Top of Mind nos três últimos anos, no segmento de eletrodomésticos e móveis, as Casas Bahia deram traço, ou seja, índice zero de lembrança. Alguns ficam surpresos. E dizem: mas a propaganda não é a alma do negócio? Se é, o fantasma escafedeu-se. Brincadeiras à parte, as Casas Bahia não tinham lojas na Bahia (até 2009). Logo, não nos prestava atendimento algum. Não havia interatividade com os consumidores. Conseqüentemente, não havia lembrança. De onde se observa que os empregados e seu atendimento são uma poderosa ferramenta de marketing. Eles proporcionam uma experiência autêntica de contato com sua empresa. Não estou falando aqui de sorrisos plastificados e nem de cumprimentos mecânicos, muito menos de funcionários destreinados para tentar lhe vender por telefone o que você não quer. Portanto, não adianta gastar milhões com campanhas publicitárias para entregar experiências de atendimento desastrosas. Chegou a hora de trabalhar o marketing bem perto do RH. Lembre-se! Só haverá consumidores felizes e fiéis com funcionários idem. O Magazine Luiza, segunda rede da varejo nacional, está mostrando e demonstrando isto. Seu principal investimento não é na comunicação, mas sim no preparo dos seus funcionários.

Não é à toa que ela é eleita todos os anos como uma das cem melhores empresas para se trabalhar. Quem sabe não foi por causa disto que outras empresas despencaram no Top? Atendimento, meus caros, foi e é a bola do jogo. Ninguém perde posições da noite para o dia a troco de nada. Minha amiga Analisa Brum, uma das maiores especialistas em endomarketing, sabe da importância na transparência e na comunicação interna, sem se falar na integração. Pena que as empresas daqui ainda não enxerguem bem isto. No dia em que o marketing for desempenhado por profissionais de marketing e RH idem, essa integração certamente dará um diferencial às empresas que resolverem trilhar por esse caminho.

18 | Existe comunicação interna nas empresas Top?

Aprofundando melhor este conceito, que reflete uma falha existente nas nossas empresas, as profissionais de comunicação, graduadas em relações públicas, Lea Botelho e Renata Menezes mergulharam nas empresas Top of Mind para ver como elas se comunicavam internamente. Munidas de questionários com boas perguntas, buscaram as respostas junto aos gestores. Elas entrevistaram empresas de maior peso com mais de cem funcionários no segmento de serviços. E sabe o que descobriram? Que na grande maioria dessas empresas existia um gestor responsável por toda comunicação da empresa, inclusive a interna. Na sua porta estava gravado o nome de Gestor de Marketing (60%) e Gestor de Recursos Humanos (40%). Essas áreas deram a elas visíveis sinais de que se importavam muito mais com o externo do que com o interno. Para essas empresas, o negócio mais importante era ter foco no mercado, e não nos funcionários. Sua comunicação interna era pessoal e preferencialmente face a face. Nada de boletins, nada de murais, nada de "newsletters", vídeos ou intranet. Revista e jornal? Nem pensar. E pasmem, os senhores, a maioria desses gestores eram pessoas com conhecimentos de marketing, ostentando esse título nas suas salas. Esse estrabismo e falta de visão com relação à comunicação interna eficaz contribui para que se estabeleça um ponto escuro nesse setor pesquisado, posicionando o desinteresse das empresas por uma boa comunicação interna, dando-nos também a impressão que elas estão apenas interessadas em atender aos clientes e faturar.

O pessoal responsável por esse diferencial chamado atendimento que se lixe ou peça para sair. Aliás, nossas empresas padecem destes e de outros males. Dão ainda pouca importância à área de marketing e RH, quando as têm, utilizando-a apenas para atendimento a veículos e agências de propaganda, ou para espremer fornecedores.

Alguns homenzinhos de negócios, que também atendem pelo nome de empresários, acham que as áreas de marketing ou RH não merecem a importância devida. O reflexo disso é que improvisam e se comunicam mal para dentro e para fora. Uma pena que seja assim. Por isso, muitas vezes, calculam mal, posicionam-se erradamente e colhem resultados não desejados. Permitem que a "rádio peão" corra solta e ficam se perguntando como fazem para reduzir o número de queixas do mercado.

Tenho esperança de que dentro de mais seis anos, lá pelos idos de 2015, esse negócio esteja sendo visto de forma diferente pelos gestores atuais.

Tomara. Recentemente, a ABMN mostrou um trabalho por meio de uma pesquisa em que fica evidente a importância da área de marketing para a sobrevivência das empresas.

19 | Marcas para durar? Nem a pau Juvenal!

Estudos feitos pela FDC – Fundação Dom Cabral – concluíram que não bastava a empresa ser boa, era preciso crescer constantemente, ocupar mais espaços, ter pessoal capacitado, capaz de realizar antecipações, com um cuidado permanente com os processos de sucessão.

Por isso é que as pesquisas constatam que 90% das empresas familiares desaparecem ou são vendidas até a terceira geração. São poucas as empresas brasileiras com mais de cem anos. Como exemplo, citamos a Gerdau (108 anos), Klabin (110 anos), Leão Junior (108 anos), Ypióca (163 anos), SulAmérica (114 anos). Nenhuma com os quase 500 anos da Rossi. Evidentemente, sabemos que o mercado é outro. Com um grande número de opções e pirataria chino-paraguaia. Apesar disso, marcas Top como o OMO ou as sandálias Havaianas enfrentam bem essa competição global e a tendência à infidelidade dos consumidores. A marca é um ativo que deverá ter uma gestão profissional para sobreviver nesse mercado competitivo. Marcas fortes, centenárias ou não, precisam ser construídas a cada dia. Necessitam de um posicionamento competitivo para lutar em busca da fidelidade, cumprindo as etapas recomendáveis. Caso contrário, tendem a desaparecer. Recentemente, ocorreu mais uma fusão: a Perdigão engoliu a Sadia (do Juvenal!), formando a Brasil Foods. Uns meses atrás, foi o Itaú que engoliu o Unibanco, mais ou menos nos moldes do processo digestivo que a Brahma fez com a Antártica. Muitas empresas certamente desaparecerão nos próximos anos. Umas porque preferem ficar chorando, enquanto outras vendem lenços e outras porque não sabem para onde ou por onde devem ir. Por sinal, o Rei Roberto Carlos, com seus 50 anos de sucesso, sabe o que deve ser feito para uma marca durar. A pergunta que não quer calar é a seguinte: será que essas possuem um planejamento estratégico e operacional de marketing? Ou navegavam em mares inapropriados? Auscultavam e escutavam as vozes externas e internas do seu ambiente? Avaliavam-se corretamente? Possuíam bons gestores ou gravitavam em torno de um dirigente só, ou seja, aquele famoso dono que faz todos tremer com sua presença. Quantos e quais erros são cometidos por empresários que dirigem essas empresas desprovidos de informações? Fazem uma idéia das forças de suas marcas? Portanto, fica a dica: avaliem-se no mínimo anualmente para que não continuem a navegar com procedimentos inadequados e venham a encalhar nas dificuldades interpostas.

Nestes 14 anos do Top of Mind, assistimos a algumas marcas desaparecerem no ar. Estamos nos referindo, em Salvador, às academias Julião Castelo, à revenda de carros Nossaterra, à agência de viagens Soletur, à empresa de serviços médicos chamada Previna, à loja Adi Calçados, à revenda de carros Cobape e às lojas de roupas masculinas Alfred. Pensemos no assunto. Não dá mais para ficar improvisando nesse mercado atual, em que o consumidor é mil vezes mais exigente e muito mais informado. Insisto e repito: fazer marketing é visar relacionamentos para sempre. Preocupe-se mais com sua marca. Para reflexão de todos, a Matsushita – maior fabricante japonês de aparelhos para o lar – tem um plano estratégico e de defesa de sua marca montado para os próximos 250 anos! Ela quer que sua marca seja um símbolo de confiança em eletrodomésticos.

20 | A Lei da Dominação

Existe no mercado uma lei chamada de Lei da Dominação que funciona assim: se você é o primeiro na mente do seu cliente, você tem tudo para liderar, depende apenas saber administrar as contingências; se você é o segundo, parabéns também, você tem tudo para chegar à liderança caso se posicione corretamente; se você é o terceiro, ainda tem uma chance, logo, fique de olho nos vacilos dos dois primeiros; mas se você é o quarto, comece a ser preocupar porque nessa olimpíada empresarial poucos sobrevivem nessa posição. Aqui, no nosso mercado, após a existência do Top of Mind anual, o Banco do Brasil vacilou e perdeu o lugar para o Bradesco. Mas está ali, bem pertinho, e de olho aberto. Por outro lado, o Top evidenciou uma boa briga nessa escadinha da mente no segmento de colégios particulares. Nestes 14 anos, Antonio Vieira, Salesiano, Anchieta e Nobel brigaram pelas melhores posições, no entanto, com índices de lembrança pequenos, nunca superiores a 8%, enquanto o "não sei" e "não lembro" de nenhuma marca chegam a 45%. Ah! Vale dizer que o Nobel, que era quarto, já saiu da raia virando COC.

Os outros três brigam todos os anos pela liderança. Causa-nos espanto a posição dos Maristas, que fica apenas entre os dez mais lembrados. Ele que já foi o grande colégio nas décadas de 1960 e 1970. Talvez por isso é que esteja desfazendo daquela localização privilegiada. No piscoso segmento de operadora de celulares, a briga está se dando entre a Oi, a Tim, a Vivo e a Claro. Quase todos já foram Top, ou seja: já foi a Maxitel, a Telebahia Celular, a Vivo, a Tim. Agora só dá Oi nos últimos três anos. Mesmo sem ter gerência de marketing local e ter sua propaganda toda concentrada em São Paulo, como se os demais mercados não existissem. Aliás, a Oi e a Tim são as únicas que não têm área de marketing na Bahia. Um espanto! Por isso recomendo olhar com mais atenção para os números do Top of Mind. Sua empresa está se comunicando bem com seus clientes? Seu atendimento deixa marcas positivas? Você está conseguindo ser percebido? Posiciona-se corretamente? Vale sempre bater nessa tecla para os esquecidos. Não ser lembrado pode ser fatal. Porque até hoje não se comprovou que há vida após a morte. Ao pensar em ter um novo celular, quem vocês acham que ele irá procurar? Para não passar batido, no passado, houve uma empresa forte no segmento de revenda de telefone chamada Instalofone que chegou a ganhar alguns Tops. Não mais que de repente ela foi ultrapassada pela Nelinho e nunca mais subiu ao topo.

Procure saber, então, em que grau está seu produto ou serviço na escadinha da mente dos consumidores para não ser surpreendido. Não está nem nunca vai estar escrito que quem foi sempre será. Fique de olhos abertos, porque a turma dos olhinhos fechados e cara amarelada que mora do outro lado vem aí pra valer.

21 | A grande batalha nas mentes

Vimos em capítulos anteriores como é importante estar bem posicionado na mente. Por isso torna-se mais do que recomendável a administração dessa guerra do cotidiano. Muitos querem chegar lá. Poucos conseguem. Por que uns avançam e outros caem? O que este faz que não faço? Como reconquistar o que perdi? Nada acontece por acaso. Tudo tem causa e tudo tem conseqüência. Daí a importância do quartel general, que em última análise se chama marketing, estar atento às análises, estratégias e táticas dos concorrentes. As sapatarias Santana lideraram a mente e a preferência dos consumidores baianos por muitos anos. Mais especificamente por 18 anos. Em termos de potencial de anúncios, a Santana era o que hoje é a Insinuante. Um dia perderam o mercado, que hoje não é mais de ninguém, e sim de todos. Ninguém tomou seu lugar. Nessa mesma linha de mercados competitivos, a Comercial Ramos vem se engalfinhando no Top of Mind todos os anos com a Tend Tudo. Uma ganhou oito vezes com um índice médio de 22% e a outra ganhou seis vezes com um índice médio de 13%. Ambas oferecem tudo para todos. Nenhuma se posicionou. Talvez agora, com a chegada da Ferreira Costa e o fortalecimento da Dismel, o quadro mude. O mercado de moda feminina assiste também a uma boa briga da C&A com a Marisa sob os olhos atentos das lojas Riachuelo, bem como da Renner. No segmento de óculos, em que reinaram a Teixeira e a Ernesto, hoje dão as cartas com olhos bem atentos à Diniz, seguida pela Fábrica de Óculos.

Finalmente, quando se fala em posicionamentos na mente no segmento de faculdades, nos últimos dez anos, encontramos a Ucsal que lidera, mas não com um índice confortável. Ela está assistindo ao crescimento da Jorge Amado e da Unifacs. Por sinal, neste ano de 2009 perdeu pela primeira vez a hegemonia para a Jorge Amado. No entanto, o mais agravante é que um bom índice, ou seja, de 35%, não sabe dizer o nome de nenhuma faculdade. É isso mesmo que você leu: 35% não grava nome de nenhuma faculdade enquanto 25% lembra a Ucsal, que ganhou as últimas dez edições do Top, porém perdeu pela primeira vez a liderança para a Jorge Amado. O Banco do Brasil, que já liderou o Top aqui e que hoje lidera em São Paulo, está na cola do Bradesco. O Itaú que, recentemente incorporou o Unibanco – que nem parecia banco –, não consegue sair da terceira colocação na mente dos consumidores. Por que um está bem posicionado na mente e não sai enquanto outros derrapam? Não seria o caso de se perguntar: como anda o atendimento nas agências e no famoso bankonline? Será que estão preocupados com o irritante atendimento dos seus "call-centers" entupidos de gente desmotivada, despreparada e desinformada? Como anda o cumprimento da lei do tempo de atendimento? E as caras dos seguranças que ficam nas portas das agências, dão medo, pavor ou horror? Os caixas são grosseiros? Estamos todos perdendo tempo nas agências? Os bancos estão explicando direitinho essa cobrança de taxas exorbitantes? Tudo isso tem reflexo na hora da pesquisa. A batalha pela mente sé dá a todo instante. Olhe mais para dentro e para fora. A resposta passa por aí.

22 | Mercados abertos para todos

Ao longo destes anos, o Top of Mind mostrou-nos que na Bahia são grandes as oportunidades de penetração de marcas. Nesse caso, nos referimos à alta pontuação do "não sei" e "não lembro" nas pesquisas. Existem segmentos com índices inexpressivos que nos mostram a existência de pessoas que desconhecem quais as marcas que estão brigando no mercado. Dizem os entendidos e estudiosos do mercado que a marca tem de lutar para dominar, se possível, dois terços, mas que deve ter como meta atingir pelo menos 33% do mercado. No entanto, tem gente que ganha o Top com índices preocupantes para não dizer insignificantes e não se dá ao luxo e ao cuidado com a leitura do "não sei" e "não lembro". Esse alto índice faz com que o consumidor se esqueça daquele ponto. Daí o alto teor de infidelidade.

Se você tem um barzinho, como ter um grande público consumidor se ninguém lembra seu nome ou não sabe da sua existência? Se você quer botar seu bloco na rua e não se chama Camaleão, Eva ou Cheiro, observe que mais de 30% das pessoas não sabem ou não lembram de outras marcas. Mergulhe nessa brecha que o mercado lhe dá. Observe que existem espaços com má gestão e aproveite. Lance seu produto ou serviço e busque a fidelização dos seus clientes partindo do ponto que, se não for lembrado e/ou reconhecido, jamais construirá uma base sólida de relacionamento. Prepare-se melhor para esse novo ciclo dos próximos anos. Não dá para ser amador. Segundo Al Ries, "ninguém tem uma segunda chance de causar a primeira boa impressão". Esse novo ciclo empresarial dos próximos 40 anos (2009 a 2049) será decisivo. Nessa atual guerra de mercado, temos de ter estrutura profissional. Há de se ter marinha, exército e aeronáutica. Não dá mais para brincar. O alto grau de infidelidade a esta ou àquela marca, em inúmeros segmentos, mostra que o consumidor está aí para ser conquistado.

Esse índice de respostas que se enquadra no "não sei" e "não lembro" que, na média de todos, chega a 48% e em alguns casos passa dos 80%, demonstra que há um convite implícito para que os de fora venham. E eles estão vindo. A última a chegar foi a Casas Bahia.

A Fast começa a conquistar clientes que não gostam de ser malatendidos pelas megalojas de eletrodomésticos. A Renner já desembarcou e, segundo se sabe, não está para brincadeira. Qualquer dia chega o Magazine Luiza. E aí???

O Outback já está aqui, juntamente com o Fogo no Chão. Ainda deixamos a porta escancarada para a concorrência?

23 | Concessionárias passando lotadas

Desde que me entendo, marca de carro é algo que grava na mente de todos. Nós, brasileiros, admiramos muito as marcas de carro, principalmente as de fora. Lembro que era chique dizer que uma pessoa da família tinha um carro importado. Na década de 1950, meu pai tinha um Vauxhall. O tio de um amigo tinha um Mitsubish e o outro um Citroën. Até que um belo dia, JK deu impulso à indústria automobilística nacional e desde então passamos a conviver com a Volks, DKW, Daufine, Sinca Chambord, Opala GM, Rural Willys e por aí afora. Na Bahia, a Volks dominava, abarrotando o mercado com os fuscas, fusquinhas, fuscões e peruas. Surgiam assim as revendas de carros nacionais que tomaram conta da nossa mente. Era a Cobape dos Paixão. Depois vieram outras com destaque para a Nossaterra dos Teixeira, a Cresauto de Jorginho, a Frutosdias dos Frutos e a Mesbla do Artur Reis. Gravávamos facilmente seus nomes. Elas se expunham muito na mídia. Por isso mesmo pensamos que algo deve estar errado com as atuais concessionárias. Seus índices de lembrança – matéria básica da etapa de identificação – são bem pequenos. Mais de 70% das pessoas não sabem quais são as revendas Fiat, aqui liderada pela Fiori. Mais de 68% não sabem nomes de revendas Ford, que alteram liderança do Top entre a Indiana e Morena. Oitenta e dois por cento não gravam nomes de revenda GM, que tem na pole position a Grande Bahia e finalmente 68% não sabem nomes de revenda Volks, onde a Sanave reinou por um bom tempo.

Por quê? Será que se deixaram commoditizar? Suas campanhas são muito iguais, visando apenas o fator preço? Se não são identificados e não dizem para que vieram, dificilmente saberão o que pensamos sobre elas e que relação queremos com elas. Está na hora de esquecer de vez de olhar o mercado pelo retrovisor, não é mesmo? Se a assistência técnica dessas concessionárias deixava e deixa a desejar, imagine o fato de quase nenhuma ter uma área de marketing que saiba cultivar relacionamentos. Elas pensam que, ao colocar uma menina para ficar ligando para os clientes, estão fazendo pós-venda de marketing!

Pode reparar. Nessas revendas não existem profissionais de marketing. Quando nada, existem estagiárias ou parentes, que ficam atendendo as agências, veículos e os inúmeros pedidos de parceria que lhes são encaminhados. Em uma delas, tudo gira tanto em torno do Chefão, do dono, do centralizador, que temos a impressão de que se ele – uma pessoa de certa idade – se for, vai tudo junto com ele. Suas decisões são ilógicas e sem opinião de ninguém. O verdadeiro marketing, que torna os relacionamentos perenes com suas estratégias de pré, de venda e de pós, passa lotado pelas concessionárias. E se não são lembradas, terão menos chance de sobreviver. Não sei não. Sinto no ar que algo pode acontecer com esse segmento.

24 | Propaganda. O desafio de não ser esquecido

Há uma cláusula no Regulamento do Top of Mind que define que, cada vez que uma empresa é apontada como Top no segmento X ou Y, sua agência de propaganda ganha como bonificação um ponto no ranking das agências. Sendo um prêmio de lembrança de marcas, nada mais justo do que reconhecer o trabalho das agências. Afinal de contas, elas são as criadoras de slogans e comerciais antológicos que nos fazem lembrar os seus produtos. Quem não se lembra destes slogans e bordões que ficaram impregnados na nossa mente: "Danoninho, vale por um bifinho"; "51, uma boa idéia"; "Nós viemos aqui pra beber ou pra conversar?"; "Denorex, parece, mas não é"; "Se é Bayer é bom"; "Tomou Doril, a dor sumiu"; "A cerveja que desce redonda"; "Legítimas, só Havaianas". Estes e outros posicionamentos criados pelas agências dão um tremendo recall para a marca. Nossas agências locais sabem disto. Até hoje se fala do "Ernesto, meu rapaz", ou "saiu na Tarde, é verdade", ou mesmo "Ninguém é igual a você". Nesse negócio da propaganda, só tem feras. Nas suas criações, atendem pelos nomes de Maurício, Rogério, Chico, Ana Luíza, Dude, dentre outros que contribuem para guardar as marcas dos seus clientes na nossa mente e, conseqüentemente, levam seus produtos ao Top of Mind.

Como se fossem técnicos dessa luta do dia-a-dia, as agências são responsáveis por idéias que grudam para sempre na mente de todos. Nestes 14 anos, duas se destacaram das demais. A Propeg, do Fernando Barros, com 34 pontos ou 34 clientes vencedores, e a Idéia 3, de Eduardo e Moacyr, com 33 pontos ou 33 clientes premiados no Top. Não muito longe das líderes estão a Engenhonovo, do Fernandinho, com 22 pontos e a Leiaute, de Sidonio, com 20. Não podemos esquecer que as marcas dos vencedores não são trabalho único das agências de propaganda. Também o são das assessorias de comunicação (imprensa e relações públicas) que atendem pelos nomes da Lume, AIG, Varjão, Via Press, Agência de Textos, etc. No site mktconsult.com.br, no link apropriado do Top, você pode acompanhar essa competição entre as agências baianas. Parece coincidência, mas não é. As empresas mais premiadas têm sempre ao lado uma boa agência de propaganda e uma boa assessoria de comunicação. Ficando assim mais do que claro as vantagens de se ter esses parceiros. Os criativos baianos são desejados por oito entre dez agências de fora. Muitos já foram. Outros voltaram. As cinco marcas mais lembradas no Top of Mind de 2008, ou seja, a Brasilgás, a Ortobom, a Santana, a Oi e o Iguatemi, duas têm agências aqui, duas são atendidas por agências de fora e uma não tem agência.

E todas sabem que na nossa pesquisa existe uma margem de erro de 4%. Por esse motivo, os clientes que ganham o Top no seu segmento com índices inferiores a 4% não participam da festa, sendo apenas cientificados por carta. Afinal, ser lembrado com índices tão baixos é quase igual a ser esquecido. Vale ressaltar também que nesse negócio de marca, a África deu o primeiro passo quando contratou um diretor de "branding". E se a África viu isso?

25 | O fim da influência asiática

No primeiro livro que escrevi, em 1997, falei que os nossos supermercados eram japoneses. Após a queda do império comandado por seu Mamede, que reinou mais de 40 anos, as lojas que formavam a "economia do lar da Bahia" passaram alguns anos hibernando em algumas mãos, para depois virar tudo Bompreço, que chegou com seu slogan "você merece, eu mereço, agora na Bahia tem Bompreço". O grupo JCPM não agüentou muito o tranco da globalização e foi entregue a uma empresa holandesa, a Royal Ahold, que acabou vendida ao Wal-Mart, que manteve a marca Bompreço original.

No nosso Top, eles ganharam todas as edições mesmo com essa troca de empresas, por causa da baixa participação do Extra (Pão de

Açúcar) e do G. Barbosa, que até hoje não disseram para que vieram. O G. Barbosa resolveu ficar sob nova direção por meio dos chilenos do Cerconsud. Pena que eles ainda pensam que o bordão "menor preço e maior prazo" vende. E ficam repetindo isso sem fazer uma pesquisa. Acredito que merecíamos um mercado mais competitivo nesse segmento, em que residem as catedrais do consumo. Temos poucas escolhas para sermos bem-atendidos.

Interessante registrar que foi neste ambiente supermercadista que se imortalizou Momofuku Ando, o inventor do Nissin – macarrão instantâneo mais conhecido como Miojo. Nascido de observação desse gênio da comercialização que criou um produto que agrada a todos. De fácil preparo, que pode ser estocado e que cabe no bolso de todos, principalmente dos mais pobres. Esse produto em 2006 vendeu 80 milhões de unidades e em 2007 passou dos 100 milhões de pacotes. Aqui, ganhou o Top of Heart por duas vezes. Momofuku morreu aos 96 anos. Certamente, ele deve ter conhecido seu Mamede. As obras desses dois empreendedores hoje são reverenciadas por todos que buscam o sentido de atender bem as demandas. Lá em cima – onde que se encontram –, eles devem estar compartilhando isso. Aqui embaixo, assistimos a "Wallmortização" no atendimento. Saudade dos tempos em que tínhamos tudo nas lojas, com preços mais em conta e um clima gostoso de se comprar. O inventor do miojo pensava nos seus clientes, seu Mamede também. Essa turma que comanda hoje nossos mercados só pensa em resultados para eles. Que se danem os consumidores. Mais uma vez fica comprovado que o que é bom para os States, não é bom para o Brasil.

Agora inverteram-se os cenários. Os japoneses somos nós, que compramos em lojas não climatizadas, com filas enormes, onde falta tudo, inclusive pessoas para ensacar as compras, e ainda por cima têm funcionários com a cara de poucos amigos. O pessoal do Wal-Mart não está nem aí para isso! Afinal, o foco deles é o lucro e não a satisfação dos clientes. Sabe por que eles fazem isto? Falta concorrência, meu amigo! Falta concorrência. Mas um dia isso vai mudar.

26 | Se há Governo, siglas que se danem

Investigamos durante muitos anos a penetração dos Programas de Serviços do Governo, quer sejam eles municipais, estaduais ou federais nos Tops. O objetivo era verificar qual a profundidade de lembrança que esses programas com suas chamativas siglas nos proporcionavam. Para nossa surpresa, apenas o SAC, do Governo baiano, tem evidência com um índice médio de lembrança de 17%. O Fome Zero dá 6%, o Bolsa Família 3% e o resto é lembrado com índices de 1% para baixo. Aí perguntamos: mas o Bolsa Família não é o sustentáculo da popularidade de Lula? Se é, o povo sabe que o Governo está pagando, que é bom, mas gravar o nome do dito cujo? Nem pensar. Parece aquele negócio, "se há Governo, sou contra!", mas o fato é que ninguém está a fim de segurar os nomes bonitinhos dos programas de Governo, criados pelos marketeiros de plantão. Fica a pergunta: será que os governantes sabem disto? Ou não estão nem aí? As agências que atendem as contas tratam apenas de criar nomes para os programas, normalmente acompanhados de Vt's e anúncios de páginas. Aliás, fico todo repugnado quando vejo propaganda da Câmara de Vereadores e da Assembléia Legislativa. Ninguém merece. Fica assim evidente que não há um plano de comunicação que vise perpetuar as marcas criadas pelos Governos, sejam eles de situação ou oposição. Assim, a cada quatro anos os programas são repaginados e apresentados com novo nome. E fica o dito pelo não dito. Todo mundo sabe que existe, mas ninguém lembra o nome.

Só para vocês terem uma idéia do que representa isto, entre os cem produtos e serviços de maior reconhecimento, apenas o Sedex do Correios figura entre estes. De onde podemos concluir que a falta de concorrência é a grande responsável por essa hibernação do mercado. Gostaria muito de ver esses serviços de água, luz, correios disputando o mercado com outras empresas, com seus gestores sendo avaliados por resultados. Pensando nisso, que tal colocar a Câmara e o Senado para serem avaliados por resultados? O fato é que ninguém leva a sério esses nomes cunhados para dar maior visibilidade aos Programas do Governo. No nosso modo de ver, essas verbas que são gastas desnecessariamente deveriam sumir do mapa, vez que ninguém está assimilando esse negócio. Aliás, pesquisas recentes dão conta de que grande maioria de pessoas gostaria que empresas estatais fizessem menos propaganda, alocando esses recursos para focos de maior interesse.

Afinal, empresas estatais que não têm concorrentes anunciam pra quê?

Com quem concorre a Petrobras, que distribui gasolina para todos? Que se apresentem os inventores dos gastos com campanhas publicitárias governamentais. Nessa estrada, os caminhos são opacos.

27 | Preço não é tudo. Conquiste a lealdade

No varejo, o segmento de eletrodomésticos e eletrônicos teve no Top of Mind, durante três anos, uma disputa entre a Arapuã e a Insinuante. Essa disputa persistiu até 2002, quando o grupo paulista escafedeu-se. A Insinuante jogou solta nesse mercado, mantendo-se líder durante oito anos, até que surgiu a Ricardo Eletro para a incomodar com sua proposta de preço baixo e uma agressiva campanha de propaganda. Para alegria das gerências comerciais da mídia eletrônica e impressa, as duas passaram a se engalfinhar, cada uma tentando baixar mais o preço. E tome oferta, bombas nos nossos ouvidos, liquidações e saldos de balanços intermináveis. Na lembrança do consumidor no Top of Mind, registra-se um índice médio de 43% para a Insinuante e

22% para a Ricardo Eletro, enquanto 20% fica com o resto – leia-se Primordial, Romelsa, Maia, Laser dentre outras –, sobrando o índice expressivo de 15% que não se lembra de nenhuma, talvez porque desaprovem essa guerra com suas bombas ou porque não admiram essa proposta de concorrência predatória. Gestão de marca que é bom e busca de diferenciais passam longe! Enquanto essas duas lojas principais fazem de tudo para atrair clientes, as Casas Bahia pedem passagem e vão entrando de mansinho, pois acreditam na sua forte presença na mídia aliada também a uma política de preços baixos e fácil relacionamento com os clientes.

Na cabeça de alguns fica a dúvida: será que o apelo de preço vende? Os exemplos mostram o contrário. Se preço vendesse, o OMO não seria campeão em todas as classes. Portanto, não acredite neste samba de crioulo doido. Procure ver se você tem o que o mercado necessita e deseja. Pesquise mais e prepare seus diferenciais diante da concorrência. Somente os commoditizados vivem brigando por preço. Ou será que estamos com saudade do famoso CIP – Conselho Interministerial de Preços? Se preço fosse tudo, compraríamos sabão em pedra, bolacha quebrada, leite a granel. As marcas, quando bem posicionadas, passam-nos confiança e credibilidade. Concordou com os argumentos? Marcas são ativos estratégicos que, nos momento de crise, dão robustez e credibilidade às empresas. Marcas de lojas no varejo necessitam conquistar a lealdade dos clientes. A forma como se comportam é que determina a confiança nesta ou naquela. Essa briga das três grandes do varejo de eletrodomésticos e móveis ainda vai dar muito o que falar. Na mente, a bola ainda é da Insinuante. O que todos precisam entender é que o cliente não é de ninguém. Sua lealdade começa com uma tarefa diária no sentido de agradá-lo e atendê-lo, bem. Treine bem sua equipe e surpreenda seus consumidores. Ficar dizendo que tem o preço mais baixo não só enche o saco como ninguém mais acredita nesse apelo. Ofereça benefícios, apresente diferenciais. O consumidor pode até não ser aculturado, mas tenha a certeza de que ele sabe o que quer e é inteligente. Não o subestime! Fique de olho no futuro. Marcas de produtos podem transformar-se em operadores com lojas próprias daqui pra ali. Esse varejo que está aí não é nem sombra do que veremos nos próximos anos.

28 | Não temos ícones na moda feminina

Estes 14 anos dos Tops apresentaram algumas informações interessantes no segmento de moda feminina. Em que pese o esforço local de impor marcas como têm feito Nina, Elementais, Sartore e Canal Jeans, a mulher baiana tem sua cabeça voltada para as lojas de Departamento, as chamadas megastores. No passado, quem liderava as preferências era a Mesbla, depois chegaram a C&A e a Marisa, e logo após a Riachuelo e a Renner. Com a implosão da Mesbla, a C&A passou a liderar todas as edições do Top. É bem verdade que esta liderança apresenta sempre um índice médio de 15%, vindo a seguir a Marisa com 11% e a Riachuelo com 5%, enquanto 31% citam um monte de marcas dispersas em índices inexpressivos que mostram e demonstram que não há fidelidade, uma vez que 39% não sabem ou não se lembram de nenhum nome. Fica assim evidente que existe boa oportunidade de negócio no setor da moda. Tenho certeza de que um trabalho profissional, conduzido por uma especialista como a Soninha Elbachá, pode fazer. Vale lembrar que estamos diante de um mercado onde a mulher compra sua roupa, a dos filhos e até a do marido. Também não se pode perder de vista que a Renner desembarcou aqui no passado querendo entrar nesse espaço existente. E olhem! Eles são muito profissionais, sabem fazer valer seu marketing interno e externo. Seus funcionários possuem orgulho em atender bem e o Dr. Galló não dorme no ponto. Digo isto porque esse segmento tão piscoso e importante parece-nos estar nas mãos de pessoas apenas trabalhadoras e de bom gosto, porém carentes de profissionalismo. Existem bons consultores que podem treinar seus atendentes, gente que sabe como atrair clientes por meio de uma boa vitrine, gente que sabe fazer planos comerciais de negociação e, acima de tudo, sabe trabalhar com informações advindas dos próprios clientes. Não deixe a porta dos fundos da sua loja escancarada. Seu cliente pode sair por ali e nunca mais voltar. A realidade é uma só. Existem em Salvador, hoje, mais de 800.000 mulheres ávidas para manter e melhorar seus estoques de apresentação.

Por isso, recomendo leitura da revista *As Melhores Empresas para se Trabalhar*, para entender como as empresas lidam com seus colaboradores. Não seria por isso que o Magazine Luiza está aos poucos conquistando espaços em todos os mercados onde atua? Convido-os a uma reflexão nesse sentido. Esse mercado da moda é muito grande para ficar sem referenciais. Para que se tenha uma idéia de valor, as quatro megastores do Top faturaram juntas, em 2008, quase 12 bilhões, segundo a GS&MD.

29 | Da barriga para a cabeça, o Top tomou Doril

O segmento da alimentação, no que se refere a restaurantes, também não fez até hoje nenhum nome que tivesse grande destaque. Temos apenas alguns locais, aqui e acolá, que nos permitem freqüentar ou indicar. Mas ninguém, neste ou naquele sub-segmento, possui uma liderança que possibilite enraizar sua marca na mente. Dessa forma, quem já foi contemplado com um Top of Mind, não apresentou índices superiores a 10%. Isso ocorre quando falamos de restaurantes tradicionais, de comida por quilo, italiano, japonês, sertanejo ou típico. Não tem nenhuma marca de restaurante confortavelmente instalada na mente dos consumidores.

O índice de infidelidade é enorme. As únicas exceções estão no sub-segmento de churrascarias, em que a Rincão Gaúcho lidera há dez anos, e no fast-food, em que o McDonald's ainda deita e rola. Não seria por isso este alto "turn-over" de nomes? Os mais rodados, ou seja, aqueles que estão aí há muito tempo, são realmente o Baby Beef, Bargaço, Moreira, Iemanjá e Bela Napoli. Apesar de estarem aí há mais de 30 anos, estes e outros não conseguiram gravar suas marcas na mente dos clientes. Penso que cabe, por parte dos grupos mais fortes ou mesmo da Abrasel, investigar o porquê disso tudo. Agora então, com as famosas praças de alimentação dos shoppings, é que ninguém mais está gravando nada. São inúmeros quiosques – talvez mais de 50 das praças dos shoppings – para atender todos os gostos e todos os bolsos.

Lembro que há 50 anos sabíamos de cor e salteado onde queríamos ir. Era tido como chique merendar coco espumante na Cubana vendo o forte São Marcelo ou tomar um sorvete na Primavera. Churrasco era no Brazeiro. Pizza no La Fontana e comida baiana era no Camafeu de Oxossi ou no Maria de São Pedro. E hoje? Bom, agora há uma infinidade de restaurantes para todos os tipos e gostos. Perguntados, 90% dos consumidores não sabem nomes de restaurantes que vendem comida por quilo; 80% não sabem nenhum nome de restaurantes japoneses; 87% não sabem dizer nomes de italianos; 67% não lembram nomes de restaurantes sertanejos; e, finalmente, 50% sequer sabem dizer o nome de algum restaurante.

O que todos nós sabemos é que muitos deles não comunicam bem e, quando o fazem, é para fazer gracinhas de gosto duvidoso. A pergunta é uma só: como anda o aspecto dessas casas, o cheiro de gordura no ar, a limpeza, o sorriso dos atendentes, a climatização e a qualidade dos seus pratos. Não seria por isso que a marca Porto dos Moreiras vive grudada na nossa mente? Lá sua cozinha tradicional continua boa e o atendimento, dos melhores. Acreditamos que, até hoje, os responsáveis por esse lucrativo negócio no segmento da alimentação não souberam conquistar clientes para sempre. Hoje em dia, a oferta é bem maior do que há alguns anos, mas o que se vê são improvisações lastimáveis. O profissionalismo parece passar longe desses locais. Que de há muito não são voltados para os clientes, e sim para os resultados. Porém, antes disto, torna-se imprescindível conquistar lealdades, para que guardemos na mente aquilo que gostamos de colocar na nossa barriga.

30 | Auscultando nossos hospitais

Durante muitos anos, tivemos em Salvador apenas dois hospitais. O português em frente ao Baiano de Tênis e o espanhol no Porto da Barra. Ambos, se não atingiram, beiram a casa dos 150 anos. As emergências ficavam por conta do Pronto-Socorro do Canela. Se fizéssemos alguma pesquisa, as lembranças seriam estas. Com o tempo, tudo mudou. Começaram a chegar novos hospitais, e foram incorporando-se à vida da grande cidade o São Rafael, o Aliança, os Days, os Memoriais, tudo acompanhando a evolução natural dos tempos e suas necessidades. A partir de 1995, quando iniciamos o Top, procuramos saber quem ocupava a mente nesse segmento. E descobrimos uma boa competição entre o São Rafael e o Aliança, que dividiram a preferências nestes anos com uma ligeira vantagem para os italianos. O São Rafael com 15% e o Aliança com 10%. E nossos ícones? Onde foram parar? Não estavam entre os cinco primeiros. Será que perderam o bonde da história? Envelheceram ou o fator localização lhes era prejudicial? Observando melhor, notamos paralelamente que neste segmento de saúde também clínicas e laboratórios possuem pouco "share of mind". Será por que se apregoa que eles não podem fazer propaganda? Penso que não. E mesmo porque não se constroem marcas apenas com propaganda.

Uma boa comunicação, como faz o Anuário de Saúde, é sempre bom para mostrar mais sobre esse segmento, mas o atendimento e o clima do local contribuem muito para grudar marcas na mente. Se formos comparar os índices do Top nesse segmento, quer sejam eles hospitais, clínicas ou laboratórios, com o que ocorre no segmento de farmácias, vamos verificar que a Santana chega a dar 50% de lembrança. Aí alguém diria: mas as farmácias estão todos os dias na mídia e os hospitais não. E por que não? No composto de marketing de qualquer produto ou serviço, cabe muito bem dizer "estou aqui" de forma ética e equilibrada. Por isso, recomendo aos dirigentes dessas instituições, preferencialmente aqueles que não são médicos, que estejam atentos a isso. Todos sabemos que, no ciclo de vida de qualquer produto/serviço, se repaginar é fundamental, mas fazer isso esquecendo a comunicação é pior ainda. Construir, reconstruir ou remodelar-se é importante para atender melhor à demanda crescente. Mas descuidar-se da sua comunicação como faz a grande maioria desses hospitais, colocando essa obrigação no rol dos gastos desnecessários, pode ser fatal. Esquecer que essas instituições precisam de uma área de marketing que possa cultuar relacionamentos significa pedir para sair antes de começar o jogo. Não tem remédio nem operação que dê jeito. Os hospitais necessitam urgentemente de marketing para se entender e atender melhor seus clientes, digo... pacientes!

31 | Cadê o biscoito que estava aqui?

Lembro muito bem que, na hora da merenda, nosso biscoito preferido na década de 1950 era o cream-cracker com manteiga e suco. Mas qual a marca? Sei lá, diriam todos. O importante era ser crocante! Não sei se a marca era Águia ou Maria. Existiam poucas ofertas. Naquele tempo, as pessoas necessitavam dos produtos para viver. O tempo passa, o tempo voa, surgem novos concorrentes, supermercados tomam conta dos espaços dos armazéns e, de repente, os cream-crackers inundam as prateleiras com marcas Nestlé, Tupy, Marilan, Fortaleza, Vitarella, dentre outras. Tomam lugar nas gôndolas. E na mente? E na hora da decisão de compra?

No início do Top, reinava toda altiva e poderosa a marca Águia, que foi abatida pelos índios Tupys. Os índios sustentaram a primazia de viver no forte Apache por três anos, até que perderam a guerra para os casacos azuis da Nestlé. Estes não suportaram a pressão e entregaram o posto à Fortaleza, que parece ter fincado estaca apesar dos ataques constantes. Nesse segmento, os dados de anos e anos mostram-nos que existe um estrabismo mercadológico. Em vez de cultuar informações, as pessoas só pensam em vendas crescentes. Quer seja no Top of Mind, ou mesmo no Top of Heart, o índice de pessoas que dizem não saber ou não se lembrar de nenhuma marca é grande, gira em torno de 27%. Enquanto os mais lembrados ganham o Top com 10% a 15%. Somente estes dados evidenciam que existem consumidores que não estão nem aí para nenhuma marca de biscoito, pegando a primeira que passam a mão ou mesmo buscando a de menor preço.

Há uma guerra de marcas nos supermercados. Acreditamos que os vencedores dessa guerra, pelo menos temporariamente, serão aqueles que possuem um trabalho de logística indiscutível, aliada a uma boa política de comercialização, já que na mente não tem ninguém com futuro garantido.

Por esse motivo, estar atento aos vacilos é fundamental. Por que será que a Fortaleza não é assim tão forte em bairros como Valéria e na Boca do Rio? Por que Vitarella não é boa para os suburbanos e itapagipanos? Isso quando falamos em cream-cracker. Já para os recheados, ainda quem manda é a Nestlé, Parmalat e Bauducco, porém os três juntos perdem para os sem-preferência. Logo, o biscoito recheado não tem dono. Mais uma vez, observa-se o quanto é necessário e importante ter em mãos números de pesquisas. Fica então o aviso aos navegantes: "sem vendas, as empresas não vivem, e sem marketing, não sobrevivem". Cultuem melhor essa ferramenta chamada informação. Se não, o gato come o biscoito.

32 | Precisamos construir ainda uma marca forte na construção

O mercado imobiliário baiano, cheio de altos e baixos, já viveu anos gloriosos, quando tudo que se lançava, vendia em um estalar dos dedos. Chegamos a ostentar um vice-campeonato nacional de unidades vendidas. Bons eram os corretores que, nos "stands", sabiam tomar cheques de quem os visitasse.

Depois passamos por momentos difíceis, em que muita gente tirou o time de campo, para voltar, recentemente, aos anos dourados, até que a crise aportasse de novo por aqui. A vivência nesse segmento possibilitou observar que a grande maioria carece de um plano mercadológico, limitando-se a ter bonitos e imponentes "stands", com manobristas, garçons e recepcionistas vistosas, muitos corretores bem-vestidos e, invariavelmente, há exceções, algumas gerências com conhecimentos de propaganda para manter contatos com agências, veículos e fornecedores, ostentando o título de gerências de marketing.

Acredito que essas empresas invistam pouco em pesquisas, ainda não trabalham com um bom CRM, não fazem pós-venda, limitando-se a acatar o que sugerem os engenheiros/proprietários e suas agências, com incríveis manias de estrangeirizar os nomes dos lançamentos, sem se falar nas mídias de sempre. E tome coquetéis nitroglicerinados, esquecendo-se de iniciar e perpetuar relacionamentos. Os investimentos que fazem na mídia indicam que deveriam preocupar-se com o fincar de suas marcas na mente, garantindo aos clientes atuais e potenciais confiança e credibilidade. Talvez por isso é que os índices de memorização de suas marcas pelos consumidores sejam tão pequenos. Até o ano 2000, apenas duas conseguiram atingir dois dígitos. Depois foi uma ladeira abaixo sem fim. Na realidade, até hoje, não se conseguiu ainda uma empresa que passasse totalmente para os clientes uma garantia de marca.

No passado, existiam empresas mais conhecidas, como Lebram e Suarez, que foram poderosas e conseguiram gravar seus nomes na mente. Agora a briga ocorre entre Odebrecht, OAS e Andrade Mendonça, sendo que 70% das pessoas não sabem ou não se lembram de nenhum nome de empresas que constroem imóveis. Acreditamos que nesse segmento, a Ademi e suas associadas deveriam estar atentas a investigar qual seria o tamanho do mercado e a partir daí iniciar a construção de relacionamentos sólidos com os consumidores. O Anuário de Arquitetura e Decoração, de algum modo, faz esse trabalho de unir as pontas, aproximando os envolvidos no processo de dar vida aos ambientes criados pelas construtoras. O índice enorme de 70% das pessoas que não lembram ou não sabem nomes de empresas construtoras convida todos a rever seus planos e estratégias, para enraizar melhor seus nomes e, a partir daí, começar a criar vínculos fortes com o mercado, porque o melhor vendedor dos seus produtos é o cliente satisfeito e o perfil do seu próximo cliente é muito parecido com seus atuais clientes.

33 | Conheça o método do Top

Quando imaginávamos realizar o primeiro Top na Bahia, estudamos cuidadosamente o método, sua amostra e todo processo que cercava essa pesquisa. Toda a experiência que tivemos no passado, quando criamos um setor de pesquisas na Marca – nome da nossa empresa nos primeiros dez anos –, utilizamos na escolha de quem faria, como deveria ser lido e como tirar dúvidas dos leigos, principalmente daqueles que só sabem ler pesquisa de cima para baixo. Optamos por uma pesquisa residencial, apesar das dificuldades existentes, a ser feita em todos os 16 setores censitários definidos pelos órgãos governamentais. Nesses setores, sorteamos aleatoriamente uma das ruas e aí começamos de fato a pesquisa, obedecendo a intervalos regulares, de modo a contemplarmos qualquer residência, seja ela casa ou apartamento daquela área.

Essa amostra, para os poucos entendidos, chama-se de aleatória probabilística simples, em que todas as residências naquela área têm a possibilidade de ser entrevistadas. Lembrei-me neste momento de um conhecido que gostava de dizer: "não acredito em pesquisas porque nunca fui entrevistado por um desses Institutos". Eu também nunca fui entrevistado, e nem por isso tenho o direito de dizer tal sandice. Mesmo porque, como profissional de marketing, jamais poderia desdizer desse instrumento chamado pesquisa de mercado, base de todo bom trabalho mercadológico.

O fato é que, ao longo destes 14 anos de Top of Mind, entrevistamos mais de 18.000 pessoas em todos os bairros de Salvador. Pessoas adultas, maiores de 18 anos, que atenderam bem aos entrevistadores das empresas contratadas, representando o pensamento de todos daqueles setores censitários. O método nos permite dizer que os resultados que obtivemos nos dão uma certeza de que 95% das entrevistas estão corretas, com uma margem de erro de mais ou menos 4%. São ouvidas todos os anos em Salvador 1.250 pessoas e em Feira de Santana 400 pessoas. Essas pesquisas são auditadas ora pela Performance aqui, ora pela Painel em Feira.

Aí surge alguém (sempre tem) que diz: mas não existem pesquisas com erros? Existem, mais os acertos são muito maiores do que os erros. Quantas vezes o famoso Ibope errou em pesquisas eleitorais neste últimos 25 anos? Pesquisa é feita por gente entrevistando gente. Pode ser passível de erro. Uma vez ou outra.

Por isso temos o orgulho de dizer que, nestes 14 anos do Top, nossa margem de erro é zero. Todas as empresas que ganharam é porque ganharam mesmo. Quem subiu, desceu ou mesmo desapareceu é porque tinha de acontecer. Aqui não se improvisa nem se arranja colocação para ninguém. Para ser Top of Mind, tem de ter muita farinha no saco e mostrar para que veio e vem. Caso contrário, os holofotes do horizonte marítimo acusam que seu barco já bateu ou vai bater.

E veja bem. Nessa pesquisa que realizamos todos os anos, o entrevistado(a) tem apenas três segundos para responder se lembra ou

CONHEÇA O MÉTODO DO TOP

não de uma marca daquele segmento pesquisado. Se vacilar, pode cair no "não sei", quando não sabe de nenhuma marca, ou no "não lembro", quando naquele momento sabe, mas não lembra de nenhuma marca. Nossa caixinha craniana é que sabe por que retemos ou não o nome de algum produto ou serviço. Você que nos lê sabia que era assim? Se não sabia, fique sabendo que usamos de critérios rígidos na realização e na auditoria dessa pesquisa, para não deixar dúvidas. Nós confiamos em quem contratamos, mas mesmo assim realizamos duras auditorias. Todo esse trabalho termina em relatórios muito bem-feitos que permitem leituras verticais, horizontais e cruzadas das tabelas apresentadas. Quem sabe ler, tira conclusões maravilhosas. Quem não sabe, deveria contratar alguém para auxiliá-lo a ler. No nosso modo de entender, melhor do que um relatório do prêmio, são dois. O Top of Mind, além da repercussão que oferece aos ganhadores, atrai patrocinadores que desejam estar ao lado de quem faz a diferença, sem se falar na audiência selecionada que assiste à premiação, onde estão empresários, artistas, jornalistas, publicitários e celebridades. Ser Top of Mind no nosso mercado é um diferencial que hoje é bastante utilizado pela mídia, porque todo mundo quer ser lembrado e ninguém quer ser esquecido nessa guerra sem fim.

34 | Aprendendo com o Top. Lições inesquecíveis

Nada no mundo de meu Deus acontece por acaso. Fazer o Top of Mind e sustentá-lo por todos esses anos foi um privilégio todo especial. Tudo que fizemos, desde as primeiras reuniões com os parceiros, passando pela escolha das empresas de pesquisa, a corporificação do Top, a vivência com os departamentos comerciais dos jornais parceiros, os questionamentos, as solenidades e o prazer de ter um evento anual reconhecido por todos e usado pelas agências como diferencial enche-nos de orgulho e satisfação. Poderíamos dizer que temos anualmente uma responsabilidade prazerosa. O Top nasce de uma consulta às agências de propaganda, é referendado pelo Conselho do Top, transforma-se em uma pesquisa que é auditada quase 100%, desaguando em um relatório que é comercializado aos interessados, para que possam avaliar o grau de lembrança dos clientes por suas marcas. Aprendemos muito com o Top. Aprendemos que deve haver essa disciplina rígida de datas e que os prazos devem ser seguidos por todos para que tudo termine bem.

Aprendemos que o mercado é cada vez mais ciclotímico e que ninguém pode dormir nos louros. Aprendemos também que os desinteressados pelos resultados são aqueles que ainda trabalham empiricamente e que ser Top para eles é algo igual a tudo. Erram mais uma vez. Incorporamos que existem ainda empresas que pensam que esse prêmio é feito para agraciar desejosos, no que erram redondamente. Enchemo-nos de orgulho quando vemos os bonitos cadernos que são editados pelo nosso parceiro *A Tarde*, que os produz e comercializa suas edições.

E finalmente aprendemos a fazer solenidades inesquecíveis, permeadas com shows de música e humor. Celebramos isso todos os anos com os vencedores. Uns se perpetuam, como o shopping Iguatemi, as farmácias Santana, a Ortobom e a Brasilgás, cujos índices de lembrança são bastante expressivos. Outros entram no sobe e desce do mercado. Mas, no final, tudo representa o pensamento do consumidor, pois é ele que é e será sempre a razão de ser dos nossos negócios. Como disse no início deste livro, embora tenhamos pesquisado um grande número de segmentos e conseqüentemente de empresas, apenas 29 sobressairam-se diante das demais, apresentando índices representativos, iguais ou maiores do que 1/3 das leituras da mente. Convido-os a ler a tabela que anexamos e refletir sobre essa realidade, para evitar que percam mercado nos próximos anos. O Top tem lições para nunca serem esquecidas.

35 | No Top, dormir no ponto pode ser fatal

A grande lição que o Top nos trouxe refere-se a estar convicto de que os caminhos seguidos estão certos e que as opiniões, muitas vezes desnecessárias e infundadas, não deveriam nunca permitir que desviássemos do rumo tomado. E que, como toda marca, ser bem administrada pelos seus gestores é mais do que importante. Estamos bem atentos a tudo que gira em torno desse evento. Acreditamos que isso deveria ocorrer com todos os segmentos. Se, por exemplo, sou uma academia de ginástica, desejaria saber por que as pessoas não estão retendo meu nome. Se sou uma agência de viagens, gostaria de saber por que as pessoas não estão valorizando minha marca, vez que isso tem muita importância na decisão de compra. Ou será que viajamos com qualquer um? Se sou marca de água mineral, gostaria de saber por que apenas 20% retêm minha marca. Se sou um cartão de crédito, seria bastante oportuno saber por que tenho apenas x% daquela fatia A e B. Se sou um curso de inglês, o importante não é ser a marca mais lembrada, e sim descobrir por que 45% das pessoas não sabem ou não lembram de algum nome.

Nesse mercado, dormir no ponto pode ser fatal. A Rede Globo é líder disparada de mercado, mas nem por isso deixa de produzir conteúdo de qualidade que atenda o interesse do telespectador. E vive montada em cima de relatórios de pesquisas. Nesse competitivo mercado da telefonia celular, somente a Claro ainda não chegou ao Top of Mind. As demais já experimentaram esse gostinho que hoje é da Oi. No entanto, 25% das pessoas ainda não sabem dizer o nome de uma das marcas. Oportunidade à vista, ou como desejam, aos ouvidos. E tem gente ainda dormindo na conta total.

Conseqüentemente, nada é eterno! Todo mundo está de olho em uma fatia do mercado de seu produto. Daí, estar antenado, bem-informado, comprando pesquisas, investigando na internet, é mais do que uma obrigação de quem não quer cair nas armadilhas que o mercado costuma pregar, principalmente aos descansados e indiferentes.

Defina no seu orçamento anual um valor para investir em pesquisas, sejam elas quantitativas, qualitativas ou mesmo pesquisas prontas, com seus relatórios comercializáveis. Não perca de vista que o mercado é dinâmico e muito competitivo, e que pode mudar a qualquer momento. Nunca durma no ponto. Mantenha-se bem-informado, pois, como recomenda Sun Tzu, se você conhece bem suas forças e as dos concorrentes, pode até ganhar a guerra. Convém nunca esquecer a frase criada pela radio BandNews FM, que diz: "em 20 minutos tudo pode mudar". Aliás, tudo está mudando. Preste mais atenção.

36 | Ser Top é estar de olho no olho dos clientes

    Antes da Internet e dos "downloads", as videolocadoras eram o grande negócio da época. Todos queriam ver seus filmes prediletos nas suas poltronas, devidamente instalados e regados a muita pipoca com guaraná, quando não bebendo umas "louras". Formavam-se filas nas lojas de vídeos. Muitas vezes era preciso usar a frase: "Sou amigo de Guy ou de Fulano", para que os atendentes nos dessem uma colher de chá. Não foram poucas as vezes que ficávamos nas lojas da Video Hobby ou da GPW esperando pacientemente que o cliente alugador trouxesse aquele vídeo pretendido.

Nesses anos dourados, o Top identificou que a empresa de Guy dava goleada nas demais. No entanto, não foram poucas as vezes que dissemos a ele que existia um contingente formado por 45% que não sabia nomes de quem alugava. Eram os clientes de qualquer um. Com a chegada da Sky e da Internet de banda larga, em que é possível baixar os filmes facilmente, esse negócio de videolocadora passou a ver mais navios, porque cliente que era bom, necas! Muitos acordaram tarde para a necessidade de fidelizar clientes.

Paralelamente, o segmento de pizzarias, mesmo sabendo que existia sempre uma empresa Top, no caso a Pizza Hut, que detinha em média 30% de lembrança, registramos a existência de um forte concorrente, ou seja: 50% das pessoas não tinham preferência por nenhuma marca. Era uma vitória de Pirro. Logo, o mercado está aberto para quem quiser ousar. Nesse negócio de alimentos supérfluos, defrontamo-nos também com as balas duras, em que 48% não têm preferência por nenhuma marca, comprando a que está à mão, representando ser mesmo um produto de conveniência, enquanto 16% não sabem dizer nomes de marcas. Concluímos que apenas 25% têm uma marca de bala de preferência e 11% precisam ser conquistados. E para uma boa conquista, nada de beijo gelado. Beijo, só quente. E beijo quente é um caso de amor. It's Love! O Top of Heart registrou isso. Se souberem ler, ele mostra tudo. Por isso não me canso de recomendar que tenham pesquisas em mãos. Se elas não são o caminho, ajudam bastante a caminhar. A bola de vez chama-se cliente. Olho no olho deles para captar o que desejam e necessitam. A Internet pode ajudar muito.

37 | O coração tem razões que a razão desconhece

Nesta primeira década do novo milênio, iniciamos, em 2007, um novo evento de reconhecimento, mais uma vez de olho no mercado para enxergar o que ninguém queria ver ainda. Sentamos com a Abase, associação que congrega supermercadistas e fornecedores, para saber quais as marcas que se perpetuavam nos corações dos consumidores. Diferente do Top of Mind, que mede a lembrança, desejávamos saber quais as marcas fidelizadas, ou seja, aquelas que o consumidor não troca por outra mesmo não as encontrando nas prateleiras. Criamos assim o Top of Heart. Desenvolvemos a metodologia junto com o pessoal da Potencial Pesquisas e partimos para entrevistar as pessoas nas portas de todos supermercados de Salvador, em todos os bairros.

Já no primeiro ano, descobrimos um dado até então inexistente, ou seja, o percentual das pessoas que não compravam determinado produto. A pesquisa, depois de tabulada, apresentava por segmento, quais os quatro ou cinco primeiros produtos fidelizados; quantos não compravam aquele produto; quantos não tinham preferência por marcas; quantos não sabiam nomes de marcas; e quantos não lembravam de nenhuma marca. Somente disto já dava para sentir a importância e a grandeza desse projeto. Descobrimos também que alguns produtos commoditizados como açúcar e farinha não são comprados por marcas, enquanto os commoditizados arroz e feijão atendem pelos nomes de Tio João e Kicaldo.

Nos anos subseqüentes, identificamos que os concorrentes da água sanitária Brilux vão ter que lavar muito para conseguir alcançá-la e que ninguém dá importância a marcas de água mineral. Notamos que, se depender dos supermercados, a cachaça vai virar água, porque o consumidor compra pouco este produto, e que a Nestlé não pode piscar no segmento de iogurtes. Constatamos que, em matéria de presunto, quem mata a pau, Juvenal, é a Sadia, e que se falando em salgadinhos, ninguém tem a preferência disparada, o que obriga a Elma Chips a ficar de olho nisso.

Levantamos que existe uma boa briga nos supermercados entre a Skol e a Schin, e que os dentes com a Colgate continuam brilhando. No setor de limpeza, há uma boa briga entre Atol, Ipê e Minuano, enquanto a Avipal reina no terreiro do frango, despachando alegria para a Deline e a Qualy, que margarinam nossas vidas e nossos corações. No setor de sucos em caixa, notamos que a paixão está dividida entre a Ades e o Maratá, enquanto em matéria de vinagre, quem dá as cartas é o Minuano.

O fato é que as empresas que fornecem produtos aos supermercados ainda estão mal-acostumadas com o tratamento de informações estratégicas. Talvez pressionadas pelo momento, elas estão de olho mesmo é nos faturamentos mensais. Mas deviam preocupar-se mais com informações estratégicas que o Top of Heart lhes dá, lembrando a máxima: "sem vendas, as empresas não vivem, e sem marketing, não sobrevivem". E saber quem nos são leais é tudo!

38 | Afinal, o que é uma marca?

Provavelmente, as marcas ainda não são administradas como deveriam, porque não sabemos definir corretamente qual o objeto da marca. E você? Sabe definir o que é uma marca? Em um mercado competitivo que vivemos, a marca é uma imagem aliada à opinião que se tem dela. Ela engloba uma dinâmica de relações entre quem oferta e a comunidade que lhe cria valor. Ela precisa ser gerenciada. Ela tem essência. Por isso deve ser alvo constante das nossas preocupações se quiser ser perene. Os índices expressos nos relatórios do Top of Mind mostram isto com muita clareza.

Consta que, no Brasil, mais de cem mil marcas novas são registradas por ano, e que devem existir mais de um milhão de marcas nas prateleiras do duvidoso e questionável INPI.

Antigamente, as marcas eram apenas gerenciadas pelas agências de propaganda, hoje são administradas de forma correta pelas próprias empresas ou por consultores especializados como Jaime Troiano ou Ricardo Guimarães. Não se pode negar aqui o trabalho criativo de agências como a DPZ, que ajudaram a construir as marcas Sadia, Bombril, Banco Itaú e Credicard. Vejam bem: ajudaram, mas não administraram.

Nosso Top of Mind identificou que as marcas como Dinha (acarajés), Camaleão (bloco de carnaval), Maratá (café), Perini (delicatessen), Insinuante (eletrodomésticos), Pizza Hut (pizzaria), Brasilgás (gás de cozinha), Santana (farmácias) e Iguatemi (shoppings) são reconhecidas facilmente, liderando seus segmentos. Precisam passar logo para a segunda etapa, ou seja, de uma administração profissional que busca as respostas necessárias a um bom relacionamento. Parece que nosso mercado ainda não chegou a tal ponto. Aqui ainda criamos marcas que ficam soltas no mercado. Sem avaliação e sem uma administração eficaz, elas tendem a se perder no caminho. Fragilizam-se e não agüentam a chegada de um concorrente forte. Muitas vezes, dormem no ponto, improvisam e, quando acordam, não são mais as donas do pedaço maior. Neste exato momento caem cabeças, contas mudam de agência, todos buscando culpados.

Fica a lição: marca não é certidão de nascimento. Ela é um filho que precisa ser criado e cuidado a cada momento. Bato e rebato na mesma tecla. O cemitério empresarial está cheio de exemplos de marcas que já se foram, sonhos que não são mais de ninguém. Aqui na Bahia, temos exemplos de marcas que não mais existem, como Fernandez, Credifácil, Tio Correa, Florensilva, Duas Américas, Slooper, Lojas Brasileiras (as famosas 4/400), Milisam, Ipê, Paes Mendonça, Mesbla, Feira dos Tecidos, Bancos da Bahia e Econômico. Portanto, faça uma gestão correta da sua marca. Ela agrega valor à sua empresa, atesta qualidade e reveste-se de um grande diferencial. É tão importante que, do porteiro ao presidente, todos deveriam cuidar dela.

O "branding" – ciência existente para cuidar da construção e defesa das marcas – tornou-se fator estratégico e de sobrevivência. As agências, que antigamente preocupavam-se com anúncios de produtos, passaram a dar atenção especial ao "branding" porque marcas deveriam ser para sempre.

Bibliografia

BRUM, Analisa M. *Respirando Endomarketing*. 2003.

COLLINS, James e PORRAS, Jerry. *Feitas para Durar Práticas Bem-sucedidas de Empresas Visionárias*. 1958.

ENRICO, Roger. *E o Outro Vacilou – Como a Pepsi Venceu a Guerra das Colas*. 1987.

PENTEADO FILHO, José Roberto. Whitaker. *Marketing no Brasil não é Fácil*. 1990.

RIES, Al. *Foco – Uma Questão de Vida ou Morte para sua Empresa*. 1996.

Anexos

Resultados dos Primeiros 14 anos — Os 10 mais lembrados!

	1995	1996	1997	1998	1999	2000	2001	2002	2003	2004	2005	2006	2007	2008
BRAHMA	57,9%	63,5%	69,65				29,3%							
TV BAHIA	68,3%	72,1%	69,5%	60,1%			72,5%							
FARMÁCIA SANTANA	44,6%	52,8%	48,4%	44,0%		44,6%	52,8%	53,1%	41,6%	30,9%	52,5%	49,8$	54,2%	61,9%
A TARDE	73,3%	87,8%	85,2%			86,8%	84,3%	78,9%						
SAPATARIA SANTANA	54,9%													
BRANDINI	46,2%		50,4%											
IGUATEMI	61,3%	58,2%	58,6%	54,5%	54,6%	52,7%	51,5%	55,5%	58,7%	71,2%	70,4%	67,0%	50,9%	56,6%
VARIG	41,1%	43,6%												
ÓTICAS TEIXEIRA	39,9%													
COCA-COLA	38,6%		51,3%											
CAFÉ AMÉRICA		52,2%	53,9%	50,4%	44,1%	38,1%								
CREDICARD		48,6%	47,1%	47,4%										
ARAPUÃ		45,5%	45,9%											
ÓTICAS ERNESTO		42,7%		51,3%										
BRASILGÁS			64,1%	87,2%	79,3%	75,6%		72,0%	69,4%	73,3%	73,0%	75,0%	79,7%	73,6%
BOMPREÇO			53,8%	56,1%	70,7%	62,2%	69,6%	61,6%	57,8%	61,3%	57,4%			
MAXITEL					41,5%	42,1%								
BRADESCO					38,5%	35,8%	37,1%	33,8%	33,6%	37,8%	43,6%	36,3%	36,2%	35,0%
INSINUANTE					39,5%	39,2%	47,9%	47,2%	41,1%	49,5%	61,0%	29,9%	44,0%	43,0%
ICSAL					30,8%	32,1%	32,8%					20,3%		
C&A					36,8%									
ORTOBOM								78,7%	74,4%	70,6%	78,6%	83,5%	80,6%	77,4%	73,3%
PIZZA HUT								41,4%	38,7%		34,2%			
PERINI										32,6%	31,4%		21,4%	
CAFÉ MARATÁ											33,8%	35,9%	34,1%	54,2%	46,2%
SKOL											39,7%			
OI												33,8%	48,5%	57,4%
ATACADÃO													29,6%	41,1%
LOGIN													36,2%	31,6%

VENCEDORES DOS SEGMENTOS POR EDIÇÃO DO TOP OF HEART

	SEGMENTOS	2007		2008		2009	
1	ABSORVENTES			SEMPRE LIVRE	26,30%	SEMPRE LIVRE	19,00%
2	AÇÚCAR	COPERBOM	2,30%	CRISTAL	22,30%		
3	ADOÇANTE			ZERO CAL	23,00%	ZERO CAL	39,30%
4	ÁGUA AROMATIZADA			H2O	15,50%	H2O	2,50%
5	ÁGUA MINERAL	INDAIÁ	19,50%				
6	ÁGUA SANITÁRIA	BRILUX	57,50%			BRILUX	44,00%
7	AMACIANTE DE ROUPAS			FOFO	17,50%		
8	ARROZ	TIO JOÃO	32,80%	TIO JOÃO	21,00%	SAMAN	24,30%
9	BALAS	ICE KISS	13,00%				
10	BISCOITO CREAM-CRACKER	FORTALEZA	25,00%	FORTALEZA	26,50%	FORTALEZA	33,30%
11	BISCOITO RECHEADO	BAUDUCCO	10,00%	NESTLÉ	10,00%	BAUDUCCO	16,50%
12	CACHAÇA	51	8,80%				
13	CAFÉ	MARATÁ	43,00%	MARATÁ	55,00%	MARATÁ	55,00%
14	CERVEJA	SKOL	36,80%	SKOL	40,80%	SKOL	40,80%
15	CHOCOLATE	GAROTO	22,00%	GAROTO	25,00%		
16	CONHAQUE			DREHER	21,80%		
17	CREME DENTAL			COLGATE	49,00%		
18	DESODORANTE					REXONA	56,00%
19	DETERGENTE LÍQUIDO	YPÊ	18,30%	ATOL	18,30%	YPÊ	19,30%
20	ESPONJA DE AÇO	BOMBRIL	37,00%	BOMBRIL	30,50%	ASSOLAN	26,00%
21	EXTRATO DE TOMATE	ELEFANTE	13,80%	CICA	11,30%	ELEFANTE	11,30%
22	FARINHA			COPIOBA	6,50%		
23	FEIJÃO			KICALDO	18,30%	KICALDO	22,30%
24	FRALDAS			PAMPERS	11,50%	PAMPERS	14,80%
25	FRANGO CONGELADO			AVIPAL	51,30%	AVIPAL	49,00%
26	GUARDANAPOS	BOCA LOKA	2,00%				
27	INSETICIDA AEROSOL					SBP	17,00%
28	IOGURTE	NESTLÉ	18,80%	NESTLÉ	16,00%	NESTLÉ	20,80%
29	LEITE DE COCO					SOCOCO	26,30%
30	LEITE EM PÓ	ITAMBÉ	40,00%	ITAMBÉ	49,00%	NINHO	42%
31	LEITE LÍQUIDO	ALIMBA	34,30%	IBITURUNA	19,30%	ALIMBA	40,80%
32	MACARRÃO	BRANDINI	23,80%				
33	MACARRÃO INSTANTÂNEO			NISSIN MIOJO	12,00%	NISSIN MIOJO	21,50%

VENCEDORES DOS SEGMENTOS POR EDIÇÃO DO TOP OF HEART (Continuação)

	SEGMENTOS	2007		2008		2009	
34	MARGARINA	DELINE	41,00%	DELINE	49,00%		
35	MILHO VERDE EM CONSERVA					QUERO	6,30%
36	MISTURA PARA BOLO	DONA BENTA	39,00%				
37	ÓLEO DE COZINHA			SOYA	31,50%	SOYA	33,00%
38	PAPEL HIGIÊNICO			PERSONAL	10,50%	PERSONAL	19,00%
39	POLPA DE FRUTA	DOCE MEL	14,30%				
40	PRESUNTO	SADIA	23,80%				
41	SABÃO EM PEDRA			MINUANO	32,30%	MINUANO	17,30%
42	SABÃO EM PÓ	OMO	59,50%	OMO	56,80%	OMO	64,30%
43	SABONETE	LUX	31,50%			LUX	23,30%
44	SALGADINHO	ELMA CHIPS	6,00%			ELMA CHIPS	8,80%
45	XAMPU	SEDA	30,30%			SEDA	40,30%
46	SUCO	TANG	10,00%				
47	SUCO EM CAIXA			ADES	12,00%	ADES	10,50%
48	VINAGRE			MINHOTO	19,30%	MINHOTO	36,00%
49	VINHO	DOM BOSCO	10,50%				

A Marketing Consultoria completa 30 anos!
Assistindo o desenvolvimento do mercado baiano. Acompanhando com muito interesse sua profissionalização. Contribuindo com a realização de eventos, congressos, workshops, implantação de premios de reconhecimento, criação de entidades, consultorias e lançamentos de produtos.
Uma história de sucesso.

Amigos e Parceiros,

Tenham a certeza de que este é um momento todo especial para nós.

Em setembro deste ano, a MARKETING CONSULTORIA IDÉIAS E RESULTADOS completa 30 anos de existência. Nesse tempo, assistimos o desenvolvimento deste mercado. Acompanhamos com muito interesse sua profissionalização e a consequente ascenção e queda de marcas de produtos e serviços.

Contribuimos com a realização de eventos, implantação de prêmios de reconhecimento, criação de entidades, efetivação de consultorias, sempre antenados com a necessidade de que a informação pudesse chegar a todos em tempo real e na dimensão que todos mereciam.

A informação mercadológica precisa - muitas vezes interpretada, esteve ao alcance de todos, quer seja em relatórios exclusivos, ou mesmo através do nosso Top of Mind, que realizamos com orgulho por 14 anos. Para tanto, fizemos todo esforço no sentido de que essa informação confiável e estratégica, estivesse disponível aos interessados.

Temos uma história desta caminhada que passa por consultorias, congressos, workshops e lançamentos de produtos.

Setembro de 2009. 30 anos da MARKETING. Uma oportunidade imperdível de registrarmos nossa presença neste mercado baiano. Por isto pretendemos celebrar com todos os parceiros e amigos como você, o lançamento de um novo livro: *"TOP OF MIND - o desafio de ser lembrado e reconhecido"*, no dia 29/09

Certos de que será um momento especial a ser comemorado.

Enio Carvalho, sócios e equipe

GRÁFICA PAYM
Tel. (011) 4392-3344
paym@terra.com.br